D1636491

LE MIROIR QUI REVIENT

DU MÊME AUTEUR

★m

Un régicide, *roman, 1949.*
Les gommes, *roman, 1953.*
Le voyeur, *roman,1955.*
La jalousie, *roman, 1957.*
Dans le labyrinthe, *roman, 1959.*
L'année dernière à Marienbad, *ciné-roman, 1961.*
Instantanés, *nouvelles, 1962.*
L'immortelle, *ciné-roman, 1963.*
Pour un nouveau roman, *essai, 1963.*
La maison de rendez-vous, *roman, 1965.*
Projet pour une révolution à New York, *roman, 1970.*
Glissements progressifs du plaisir, *ciné-roman, 1974.*
Topologie d'une cité fantôme, *roman, 1976.*
Souvenirs du triangle d'or, *roman, 1978.*
Djinn, *roman, 1981.*

ALAIN ROBBE-GRILLET

LE MIROIR
QUI REVIENT

LES ÉDITIONS DE MINUIT

PQ
2635
.O14
Z 475

L'ÉDITION ORIGINALE DE CET OUVRAGE A ÉTÉ TIRÉE
A QUATRE-VINGT-DIX-NEUF EXEMPLAIRES SUR VELIN
ARCHES, NUMÉROTÉS DE 1 A 99 PLUS DIX EXEM-
PLAIRES HORS COMMERCE NUMÉROTÉS DE H.-C. I A
H.-C. X

© 1984 by LES ÉDITIONS DE MINUIT
7, rue Bernard-Palissy — 75006 Paris

La loi du 11 mars 1957 interdit les copies ou reproductions destinées à une utilisation
collective. Toute représentation ou reproduction intégrale ou partielle faite par quelque
procédé que ce soit, sans le consentement de l'auteur ou de ses ayants cause, est illicite et
constitue une contrefaçon sanctionnée par les articles 425 et suivants du Code pénal.

ISBN 2-7073-1007-7

Si j'ai bonne mémoire, j'ai commencé l'écriture du présent livre vers la fin de l'année 76, ou bien au début de 77, c'est-à-dire quelques mois après la publication de *Topologie d'une cité fantôme*. Nous voici maintenant à l'automne 83, et le travail n'a guère avancé (une quarantaine de pages manuscrites), abandonné sans cesse au profit de tâches qui me paraissaient plus urgentes. Deux romans ont ainsi vu le jour dans l'intervalle, et aussi un film — *La belle captive* — achevé en janvier de cette année et sorti à la mi-février sur les écrans. Près de sept ans ont donc passé depuis l'incipit (« Je n'ai jamais parlé d'autre chose que de moi... »), provocateur à l'époque. Les éclairages se sont modifiés, les perspectives ont pu se défaire, s'inverser dans certains cas ; mais, en fait, les mêmes questions se posent toujours, vivaces, lancinantes, peut-être inutiles... Essayons de nouveau, une fois de plus, avant qu'il ne soit trop tard, pour de bon.

Qui était Henri de Corinthe ? Je pense — ai-je déjà dit — ne l'avoir jamais rencontré moi-même, sauf, peut-être, lorsque j'étais encore un tout petit enfant. Mais les souvenirs personnels qu'il me semble parfois avoir gardés de ces brèves entrevues (au sens propre du mot : comme entre les deux battants disjoints d'une porte accidentellement mal close) ont très bien pu avoir été forgés après coup par ma mémoire — mensongère et travailleuse — sinon de toutes pièces, du moins à partir seulement des récits décousus qui circulaient à voix basse dans ma famille, ou aux alentours de la vieille maison.

M. de Corinthe, le comte Henri comme l'appelait le plus souvent mon père avec un mélange impondérable d'ironie et de respect, venait souvent nous voir, c'est à peu près certain... Souvent ? Je suis aujourd'hui totalement incapable de chiffrer cette fréquence. Venait-il, par exemple, chaque mois ? Ou davantage ? Ou bien ne passait-il qu'à peine une ou deux fois dans l'année, ses apparitions — bien que fugitives — laissant ensuite des traces si fortes, si durables dans l'esprit de tous, qu'elles s'y trouvaient aussitôt multipliées par le souvenir ? Et à quel moment au juste ces visites ont-elles cessé ?

Mais, surtout, que pouvait-il faire chez nous ? Quels secrets, quel projet, quelle faute, des intérêts ou des craintes de quelle espèce pouvaient-ils le lier à mes parents, dont tout — la naissance comme la fortune — paraissait devoir l'éloigner ? Comment et pourquoi, au milieu d'une vie aventureuse et surchargée, trouvait-il le temps de demeurer quelques heures (quelques jours ?) dans un foyer si modeste ? Pourquoi mon père semblait-il attendre son imprévisible venue avec une sorte d'espoir tenace, de ferveur ? Alors que c'est le front soucieux, l'air comme accablé de détresse, que je l'apercevais à la dérobée, dans l'entrebâillement des lourds rideaux rouges de la salle commune, en compagnie de l'illustre visiteur. Et pour quelle raison, aussi, cherchait-on d'une manière si perceptible, bien qu'inavouée, à m'interdire son approche ?

Ce n'est probablement que dans le but — incertain — de donner à de telles questions ne serait-ce qu'un semblant de réponse, que j'ai entrepris, il y a quelque temps déjà, de rédiger cette autobiographie. Et voilà que, me mettant à en relire les premières pages, après un laps fatidique de sept ans, c'est à peine si j'y reconnais les choses dont je voulais parler de toute urgence. Ainsi en va-t-il de l'écriture : à la fois recherche solitaire, têtue, presque intemporelle, et soumission moqueuse aux préoccupations du moment, « mondaines » en quelque sorte.

En ce début des années 80, la réaction est soudainement redevenue si forte contre toute tentative d'échapper aux normes de l'expression-représentation traditionnelle, que mes imprudentes remarques de naguère, au lieu de jouer leur rôle décapant contre un dogme nouveau qui commençait alors à s'introduire (l'antihumanisme), n'ont plus l'air aujourd'hui que de glisser sur la pente savonneuse du discours dominant restauré, l'éternel bon vieux discours de jadis que j'avais au départ si ardemment combattu. Dans la vague de « retour à » qui déferle sur nous de toute part, on risque fort de ne plus voir que j'espérais au contraire un dépassement, une « relève ».

Il faudrait donc, à présent, reprendre les actions terroristes des années 55-60 ? Très certainement, il le faudrait. Pourtant (et j'expliquerai plus tard pourquoi) je choisis avec rage de reproduire ici sans y rien changer, telles que je les ai écrites en 77, ces premières pages déjà démodées, de mon point de vue, pour être si vite devenues à la mode.

Je n'ai jamais parlé d'autre chose que de moi. Comme c'était de l'intérieur, on ne s'en est guère aperçu. Heureusement. Car je viens là, en deux lignes, de prononcer trois termes suspects, honteux, déplorables, sur lesquels j'ai largement concouru à jeter le discrédit et qui suffiront, demain encore, à me faire condamner par plusieurs de mes pairs et la plupart de mes descendants : « moi », « intérieur », « parler de ».

Le second de ces petits mots à l'inoffensive apparence ressuscite à lui seul, fâcheusement, le mythe humaniste de la profondeur (notre vieille taupe, à nous autres écrivains), tandis que le dernier ramène en catimini celui de la représentation, dont le difficile procès traînait toujours. Quant au *moi,* de tout temps haïssable, il prépare ici sans aucun doute une rentrée en scène encore plus frivole : celle du biographisme.

Ainsi, ce n'est pas un hasard si j'accepte en ce moment précis d'écrire un « Robbe-Grillet par lui-même »[1] dont, naguère, j'aurais sûrement préféré abandonner à d'autres le soin. Chacun sait désormais que la notion d'auteur appartient au discours réactionnaire — celui de l'indi-

---

1. Ce volume était, à l'origine, prévu pour paraître dans la collection des *Ecrivains de toujours,* aux éditions du Seuil (d'où l'allusion, un peu plus loin, à « la maison d'en face »). J'avais même signé un contrat, toujours valable, avec Paul Flamand. C'est seulement le tour inattendu pris par le texte, au cours de sa composition, qui l'a rendu impropre à figurer dans cette série de petits livres aux dimensions imposées, aux illustrations nombreuses, pour laquelle j'entreprends donc tout autre chose, parallèlement.

vidu, de la propriété privée, du profit — et que le travail du scripteur est au contraire anonyme : simple jeu combinatoire qui pourrait à la limite être confié à une machine, tant il semble programmable, l'intention humaine qui en constitue le projet se trouvant à son tour dépersonnalisée au point de ne plus apparaître que comme un avatar local de la lutte des classes, qui est le moteur de l'Histoire en général, c'est-à-dire aussi de l'histoire du roman.

J'ai moi-même beaucoup encouragé ces rassurantes niaiseries. Si je me décide aujourd'hui à les combattre, c'est qu'elles me paraissent avoir fait leur temps : elles ont perdu en quelques années ce qu'elles pouvaient avoir de scandaleux, de corrosif, donc de révolutionnaire, pour se ranger dorénavant parmi les idées reçues, alimentant encore le militantisme gnangnan des journaux de mode, mais avec leur place déjà préparée dans le glorieux caveau de famille des manuels de littérature. L'idéologie, toujours masquée, change facilement de figure. C'est une hydre-miroir, dont la tête coupée reparaît bien vite à neuf, présentant à l'adversaire son propre visage, qui se croyait vainqueur.

Imitant son stratagème, je vais en retour emprunter la dépouille du monstre : voir par ses yeux, entendre par les trous de ses oreilles, et parler par sa bouche (tremper mes flèches dans son sang). Je ne crois pas à la Vérité. Elle ne sert qu'à la bureaucratie, c'est-à-dire à l'oppression. Dès qu'une aventureuse théorie, affirmée dans la passion du combat, est devenue dogme, elle perd aussitôt son charme et sa violence, et du même coup son efficacité. Elle cesse d'être ferment de liberté, de découverte ; elle apporte sagement, étourdiment, une pierre de plus à l'édifice de l'ordre établi.

Le moment est alors venu de s'avancer sur d'autres pistes, et de retourner comme un gant la belle théorie nouvellement promue, afin de débusquer la bureaucratie renaissante qu'elle nourrit en cachette. Maintenant que le Nouveau Roman définit de façon positive ses valeurs, édicte ses lois, ramène sur le droit chemin ses mauvais élèves, enrôle ses francs-tireurs sous l'uniforme, excommunie ses libres penseurs, il devient urgent de tout remettre en cause, et, replaçant les pions à leur point de départ, l'écriture à ses origines, l'auteur à son premier livre, de s'interroger à nouveau sur le rôle ambigu que jouent, dans le récit moderne, la représentation du monde et l'expression d'une *personne*, qui est à la fois un corps, une projection intentionnelle et un inconscient.

On m'a si souvent, d'interviews en colloques, demandé pourquoi j'écris, que j'avais fini par considérer la question comme appartenant au domaine du sens, de la *ratio*, qui cherche à imposer ses règles de pensée (et partant sa dictature) à une activité dont la mobilité sans cesse lui échappe. Je me contentais donc de proposer, pour meubler le silence de l'écriture, diverses banalités oiseuses, sinuosités qui se mordent la queue, ou métaphores dont le scintillement tient lieu de maxime. C'était mieux, en tout cas, que les morceaux de catéchisme.

Mais à présent que je me résous, pour l'espace d'un petit livre, à me regarder de côté, ce point de vue inattendu me libère soudain de mes anciennes protections et réticences. Je me sens tellement lié aux Editions de Minuit, à leur vie, à leur aventure, que, parlant de moi tout à coup depuis la maison d'en face, j'éprouve comme une aisance toute neuve, une légèreté, un état joyeux de narrateur irresponsable.

Il ne faudrait donc pas attendre de ces pages quelque explication définitive que ce soit, ni seulement véridique (celle, recueillie à la source, que fournit l'auteur lui-même !), concernant mes travaux écrits ou filmés : leur fonctionnement authentifié, leur signification réelle. Je ne suis pas homme de vérité, ai-je dit, mais non plus de mensonge, ce qui reviendrait au même. Je suis une sorte d'explorateur, résolu, mal armé, imprudent, qui ne croit pas à l'existence antérieure ni durable du pays où il trace, jour après jour, un chemin possible. Je ne suis pas un maître à penser, mais un compagnon de route, d'invention, ou d'aléatoire recherche. Et c'est encore dans une fiction que je me hasarde ici.

J'ai longtemps cru, étant enfant, que je n'aimais pas la mer. Cherchant à la dérive, chaque soir, la douceur d'un jardin sans barrière, où j'allais m'endormir, c'est l'image du Haut-Jura paternel qui se formait le plus souvent dans ma tête : creux de rochers moussu ou garni de saxifrages en coussinets, pente aux courbes atténuées, vallonnement à l'herbe rase, unie comme celle d'un parc semé de gentianes et de soldanelles, où de grandes vaches beiges se déplaçaient avec lenteur dans un silencieux tintement de clochettes, entre des pans de forêt immuables, plantés comme un décor. Ordonnance. Repos. Eternité tranquille. Je pouvais m'abandonner au sommeil.

L'océan, c'était le tumulte et l'incertitude, le règne des

périls sournois où les bêtes molles, visqueuses, se conjuguaient aux lames sourdes. Et c'est lui, précisément, qui emplissait les cauchemars au fond desquels je sombrais dès que j'avais perdu conscience, pour me réveiller bientôt dans des hurlements de terreur qui ne suffisaient pas toujours à faire disparaître ces fantômes aux formes brouillées, que je n'arrivais même pas à décrire. Ma mère me faisait boire des sirops au bromure. Ses yeux inquiets confirmaient en quelque sorte les dangers auxquels je venais d'échapper, provisoirement, et qui m'attendaient à nouveau dans la nuit, tapis derrière mes propres paupières. Hallucinations, délire nocturne, somnambulisme intermittent, j'étais un enfant calme au sommeil agité.

Nous vivions une partie de l'année dans la demeure de ma famille maternelle, où je suis né, grande maison entourée d'un jardin clos de murs qui nous semblait vaste à l'époque, située aux environs immédiats de Brest dans ce qui était alors la campagne. Des fenêtres de la chambre où je dormais, par-dessus les arbres, on apercevait toute la rade. Nos marches à pied, qui duraient parfois plusieurs jours, s'étendaient depuis Brignogan, les abers, Saint-Mathieu et l'île d'Ouessant jusqu'à la pointe du Raz, dans le vent, tout au long des grèves froides, à travers les entassements de roches en désordre, ou sur les chemins de douaniers, éboulés et glissants, qui bordent le précipice.

Le mois d'août, nous le passions dans un petit village de la presqu'île de Quiberon et, là aussi, notre faveur allait à la Côte Sauvage, qui l'était encore vraiment, avant la guerre, et ne rendait que trop vraisemblable sa légende : trous d'eau agités de remous qui communiquent par des failles souterraines avec la mer libre, où l'on se noie les jambes tirées vers le bas par l'enroulement de longues algues lianes, marée montante qui vous cerne au pied d'une paroi verticale et sans prise, vagues de fond que l'on ne voit pas venir en surface, mais dont l'aspiration irrésistible vient nous chercher, pour vous engloutir, jusqu'au sommet de la plus haute falaise. Bien entendu, je n'ai pas appris à faire du canoë ou de la voile, je n'ai même jamais su nager. A la montagne, dès ma douzième année, sans pistes damées ni remontées mécaniques, j'étais parfaitement à l'aise sur mes skis et volontiers téméraire.

N'importe quel psychanalyste amateur aura reconnu, non sans plaisir, dans cette opposition facile du Jura et de l'Atlantique — doux vallon au creux garni de mousse, *versus* trou sans fond où guette la pieuvre — les deux images traditionnelles et antagonistes du sexe féminin. Je ne voudrais pas qu'il s'imagine l'avoir découvert à mon insu. Signalons-lui, dans le même goût, la ressemblance phonétique de la vague et du vagin ; et aussi l'étymologie du mot cauchemar, dont la racine *mare* désigne la mer en latin, mais en néerlandais les fantômes nocturnes.

La pièce où j'avais mon lit, dans le modeste appartement parisien de la rue Gassendi, était séparée par une double porte vitrée de la salle à manger où maman restait lire, jusqu'à une heure avancée de la nuit, son énorme ration quotidienne de journaux, dont l'éventail allait de *la Liberté* à *l'Action française* (mes parents étaient anarchistes d'extrême-droite). Le rideau rouge translucide qui me laissait dans une obscurité relative était maintenu disjoint par un dossier de chaise, afin de pouvoir veiller plus étroitement sur mon difficile sommeil. Le regard qui me parvenait, de temps à autre, par-dessus la feuille

15

du journal déployé, dérangeait des plaisirs solitaires déjà fortement marqués de sadisme. Quant aux spectres, ils apparaissaient en général juste en face de moi, dans l'angle du mur sous le plafond, du même côté que les vitres rouges ; ils avançaient en ondulations régulières dans la partie pâle de la paroi, entre une corniche en feuilles d'acanthe et la moulure qui bordait un papier peint de couleur vert sombre. Le dessin périodique du fantasme défilait de gauche à droite, en une série de volutes successives, ou vaguelettes, ou plus exactement sous la forme de cette frise ornementale qu'on nomme en sculpture des *postes*. Le moment qui me terrorisait était celui où leur alignement, si bien réglé en apparence, se mettait à trembler, à se brouiller, à se distordre dans tous les sens. Mais la calme sinusoïde initiale suffisait déjà à me faire peur, tant j'appréhendais ce qui venait ensuite.

J'ai l'impression d'avoir raconté tout cela, depuis long-temps, dans mes livres comme dans mes films, et d'une façon beaucoup plus juste, plus convaincante. Il est certain qu'on ne l'y a pas vu, ou si peu. Il est certain aussi que cela m'a toujours été indifférent : là n'était pas le but de l'écriture.

Pourtant, j'éprouve aujourd'hui un certain plaisir à utiliser la forme traditionnelle de l'autobiographie : cette facilité dont parle Stendhal dans ses *Souvenirs d'égotisme*, comparée à la résistance du matériau qui caractérise toute création. Et ce plaisir douteux m'intéresse dans la mesure où, d'une part, il me confirme que je me serais mis à écrire des romans pour exorciser ces fantômes dont je ne venais pas à bout, et me fait d'autre part découvrir que le biais de la fiction est, en fin de compte, beaucoup plus *personnel* que la prétendue sincérité de l'aveu.

Quant je relis des phrases du genre « Ma mère veillait sur mon difficile sommeil », ou « Son regard dérangeait mes plaisirs solitaires », je suis pris d'une grande envie de rire, comme si j'étais en train de falsifier mon existence passée dans le but d'en faire un objet bien sage, conforme aux canons du regretté *Figaro littéraire* : logique, ému, plastifié. Ce n'est pas que ces détails soient inexacts (au contraire peut-être). Mais je leur reproche à la fois leur trop petit nombre et leur modèle romanesque, en un mot ce que j'appellerais leur arrogance. Non seulement je ne les ai vécus ni à l'imparfait ni sous une telle appréhension adjective, mais en outre, au moment de leur actualité, ils grouillaient au milieu d'une infinité d'autres détails dont les fils entrecroisés formaient un tissu vivant. Tandis qu'ici j'en retrouve une maigre douzaine, isolés chacun sur un piédestal, coulés dans le bronze d'une narration quasi historique (le passé défini lui-même n'est pas loin) et organisés suivant un système de relations causales, conforme justement à la pesanteur idéologique contre quoi toute mon œuvre s'insurge.

Nous commençons à y voir plus clair. Première approximation : j'écris pour détruire, en les décrivant avec précision, des monstres nocturnes qui menacent d'envahir ma vie éveillée. Mais — second point — toute réalité est indescriptible, et je le sais d'instinct : la conscience est structurée comme notre langage (et pour cause !), mais ni le monde ni l'inconscient ; avec des mots et des phrases, je ne peux représenter ni ce que j'ai devant les yeux, ni ce qui se cache dans ma tête, ou dans

17

mon sexe. (Laissons de côté pour l'instant les images du cinéma, je montrerai plus loin — si j'y pense — qu'elles posent à peu près les mêmes problèmes, contrairement à ce qu'on croit.)

La littérature est ainsi — troisième position — la poursuite d'une représentation impossible. Le sachant, que puis-je faire ? Il me reste à organiser des fables, qui ne seront pas plus des métaphores du réel que des analogons, mais dont le rôle sera celui d'*opérateurs*. La loi idéologique qui régit la conscience commune, et le langage organisé, ne me sera plus alors une gêne, un principe d'échec, puisque je l'aurai désormais réduite à l'état de matériau.

Dans cette perspective, le projet de raconter ma vie va s'offrir à moi de deux façons différentes, et opposées. Ou bien je m'obstine à la cerner dans sa vérité, en feignant de croire que le langage est compétent (ce qui reviendrait à dire qu'il est libre), et dans ce cas je n'en ferai jamais qu'une *vie reçue*. Ou bien je remplacerai les éléments de ma biographie par des opérateurs, appartenant eux ouvertement à l'idéologie, mais sur lesquels et grâce auxquels je pourrai cette fois agir. La seconde méthode donne *La jalousie* ou *Projet pour une révolution*. La première, hélas, le présent ouvrage.

Non, ce n'est pas tout à fait vrai non plus, car celui-ci ne va pas se limiter — on l'aura compris — à quelques menus souvenirs donnés pour argent comptant. Il devra au contraire m'accompagner, d'essai critique en roman comme de livre en film, dans une incessante remise en cause où la mer et la peur deviendront à leur tour des simples opérateurs de texte ; et non pas uniquement dans telle ou telle œuvre citée, dont ces objets textuels marqueraient la thématique ou la structure, mais aussi dans ce traité lui-même, que pour cette raison-là j'ai tout à l'heure nommé fiction.

J'en étais donc à la peur. Elle allait jouer tout de suite un grand rôle dans mes rares lectures d'adolescent. Ma sœur (qui lisait énormément) et moi (qui relisais toujours les mêmes livres) avons été nourris très tôt de littérature anglaise. Souvent j'ai cité Lewis Caroll comme un de mes principaux compagnons de jeunesse ; j'ai plus rarement parlé de Rudyard Kipling, dont ce n'est pas *Kim* ou les *Livres de la jungle* qui m'étaient surtout précieux, mais les *Contes de l'Inde* et plus particulièrement ceux où des apparitions morbides terrorisent des soldats. Sans y avoir jeté les yeux depuis trente ou quarante ans, je pourrais redire l'histoire de la légion perdue dans la nuit qui rencontre une autre patrouille britannique jadis anéantie au cours d'une embuscade, et j'entends encore le choc des sabots de cent cavaliers morts qui piétinent au flanc de la montagne en butant contre les pierres dressées marquant leurs propres tombes ; l'histoire aussi du colonel Gadsby, paradant à la tête de son régiment, qui se voit sans cesse tombant de selle et broyé sous les pieds des mille chevaux de ses dragons lancés au galop derrière lui ; et cet autre officier que poursuit un rickshaw fantôme, où pleure une maîtresse abandonnée qui s'est suicidée de désespoir ; ou bien encore celui qui, par 42° à l'ombre, place un éperon acéré dans son lit pour tenter d'échapper aux visions d'épouvante — jamais décrites — dont il est la proie sitôt qu'il cède au sommeil et qui finiront par le tuer.

J'ai grandi dans le commerce familier de ces spectres. Ils faisaient partie, sans problème, de mon univers quotidien, mêlés à ceux des légendes bretonnes ou des histoires de revenants que nous racontait « marraine », la sœur de ma grand-mère maternelle, le soir, pour nous endormir à leur bercement : marins péris en mer qui viennent tirer les vivants par les pieds dans leurs lits, la charrette de l'*ankou* dont les grincements et cahots annoncent sa mort prochaine au promeneur nocturne, égaré dans un réseau de chemins creux qu'il croyait pourtant connaître, espaces frappés par un enchantement, objets ensorcelés, présages et intersignes, sans compter ces innombrables âmes en peine qui gémissent sur la lande ou dans les marais, font claquer les volets de la chambre en l'absence du moindre vent et agitent jusqu'à l'aube l'eau des bassines où trempe le linge réprouvé.

Au cours des années et des récits, la famille n'a cessé de s'agrandir, accueillant toujours avec la même simplicité de nouvelles présences, depuis la pâle fiancée de Corinthe jusqu'au Hollandais maudit, debout sur le pont de son vaisseau sans équipage, qui traverse la nuit, toute sa voilure rouge déployée, au-dessus des vagues phosphorescentes. Voilà donc déjà l'océan qui revient. O Mort, vieux capitaine, il est temps, levons l'ancre...

Et voilà le jeune comte de Corinthe luttant contre le flot qui monte, dressé sur son cheval blanc dont la crinière étincelante s'entrelace avec l'écume arrachée par la tempête à la crête des lames. Et voilà Tristan blessé, en proie au délire, qui guette en vain le navire ramenant

Iseult la Blonde en Léonois. Et voilà maintenant Carolina de Saxe, dont le corps inanimé gît à la dérive, parmi les algues d'or aux ondulations mouvantes.

Les personnages de roman, ou ceux des films, sont aussi des sortes de fantômes : on les voit, ou les entend, sans jamais pouvoir les étreindre ; si l'on veut les toucher, on passe au travers. Ils ont la même existence douteuse et obstinée que ces trépassés sans repos qu'un charme maléfique, ou la vengeance divine, oblige à revivre éternellement les mêmes scènes de leur tragique destin. Ainsi, le Mathias du *Voyeur,* dont j'ai souvent croisé sur les sentiers de la falaise, entre les touffes d'ajonc ras, la bicyclette mal huilée, ne serait qu'une âme errante, de même que le mari absent de *La jalousie* et les héros, si visiblement sortis du royaume des ombres, qui peuplent *Marienbad, L'immortelle* ou *L'homme qui ment.* C'est là, en tout cas, l'une des « explications » les plus plausibles qu'on pourrait apporter à leur manque de « naturel », à leurs airs absents, dépaysés, en trop dans le monde, à ces poursuites têtues d'on ne sait quoi, d'où ils ne semblent pouvoir ni s'échapper ni sortir vainqueurs, comme s'ils tentaient désespérément d'accéder à une existence charnelle, qui leur est refusée, d'entrer dans un univers véridique dont on leur a fermé la porte, ou bien d'entraîner dans leur quête impossible *l'autre,* tous les autres, y compris l'innocent lecteur. Stephen Dedalus, l'arpenteur K., Stavroguine ou les Karamazov ne vivaient pas autrement. Ces parcours labyrinthiques, ces piétinements, ces scènes qui se répètent (même celle de la mort, qui ne peut plus jamais être définitive), ces corps inaltérables, cette absence de temps, ces multiples espaces parallèles aux déboîtements soudain, ce thème enfin du « double » auquel s'alimente tout un pan de notre littérature, et qui organise aussi bien *L'homme qui ment* que *L'Eden et après* ou le *Triangle d'or,* ne doit-on pas y reconnaître précisément les signes distinctifs et les lois naturelles des éternelles régions hantées ?

Je n'ai pas connu, personnellement, Henri de Corinthe. Peut-être même ne me suis-je jamais trouvé en sa présence, comme j'en imagine aujourd'hui l'éventualité, dans ces premières années de mon enfance passées à la Maison Noire, où il venait de temps à autre en voisin, ainsi que me l'a souvent raconté mon père, le soir, avant de se retirer pour la nuit.

Je croyais alors que la vieille demeure où je suis né tenait son nom du très sombre granit dont était bâtie la façade, si lisse et dure que les siècles n'avaient déposé sur sa haute paroi verticale ni mousse ni lichen, hormis au creux des joints, entre les blocs rectangulaires soigneusement ajustés. Quand la bruine hivernale en mouillait la surface, ils luisaient d'un éclat de charbon entre les branches grises des hêtres, où restaient accrochées çà et là quelques feuilles rousses, coriaces, immobiles sous la petite pluie sans fin.

Corinthe arrivait par la grande allée rectiligne, entre les deux doubles rangées de fûts verticaux, réguliers comme les colonnes des citernes souterraines de Constantinople, dont une vue gravée ornait ma chambre, à la tête du lit. Les pas de son cheval ne faisaient aucun bruit sur le sol détrempé, où il s'avançait dans une sorte de danse silencieuse, comme si l'espace gorgé d'eau l'eût dessaisi de son propre poids.

L'homme, disait mon père, qu'il fût à pied ou bien qu'il se dressât sur sa monture blanche, apparaissait toujours ainsi sans avoir signalé son approche par le moindre choc de talon, de semelle, ou de fer : on eût dit ses lourdes bottes, et les sabots de sa bête, semblablement garnis d'une épaisse couche de feutre ; à moins qu'ils ne fussent l'un et l'autre doués du pouvoir de se déplacer sans toucher terre, à quelques millimètres au-dessus de la route, ou des marches en pierre noire du perron, ou du sol dallé de la vaste salle, obscure, au fond de laquelle il se tient à présent, debout devant la cheminée monumentale où brûlent des troncs de chêne, sa haute silhouette encore agrandie par le foyer qui l'éclaire à contre-jour, tandis que son ombre démesurée qui tremble au gré des flammes se prolonge, de plus en plus pâle, jusqu'au pied de l'escalier dont mon père, prévenu par un domestique, descend maintenant les dernières marches pour se diriger vers ce visiteur tardif qui offre ses membres glacés aux reflets changeants de l'âtre.

Vacillements de la lampe à pétrole, feu follet sur les paluds, blême chevalier qui glisse entre les pans de brume, bruissements d'eau, cri d'alarme soudain, perçant la nuit, d'un grand oiseau tout proche, brusque crépitement du feu qui reprend dans les bûches mourantes... Angélica... Angélica... Pourquoi m'as-tu quitté, petite flamme ? Qui me consolera de ton rire léger ?

Je suis seul dans ma chambre. J'écoute les bruits nocturnes qui cernent de toute part la trop spacieuse maison vide. Ma fenêtre noire s'avance, balancée par le vent, au milieu des cimes dénudées couronnant les hêtres. Mais, par-dessus le froissement de leurs branchages contre les vitres sans rideaux, plus fort que le ruissellement de la pluie dans les chénaux et le long des noues, dominant les brefs appels déchirants du chat-huant ou de la fouine, j'entends des coups sourds, dans la masse du bâtiment, comme le choc des vagues heurtant en boutoir la coque soulevée d'un navire, qui retombe aux creux de la houle, des coups sourds pa-raissant provenir du plancher, des murailles de granit, de la vieille terre elle-même, coups répétés, têtus, espacés de façon régulière, qui doivent être les lents battements de mon propre cœur.

Tout en bas, dans l'immense salle dallée dont la seule obscurité constitue les limites, improbables, mon père marche de long en large, tandis que le souvenir d'Henri de Corinthe peu à peu s'estompe. Ils ne disent rien, ni l'un ni l'autre, absorbés chacun dans ses pensées, soli-taires... L'image affaiblie persiste encore quelques ins-tants, de plus en plus difficilement discernable... Puis plus rien.

Le passage qui précède doit être entièrement inventé. La maison de famille était modeste, relativement grande et protégée par quelques arbres, mais bâtie en torchis, la marine militaire interdisant les constructions à caractère définitif dans cette zone qui dépendait alors du port de guerre. Pourtant les chocs sourds et répétés qui ébranlent le sol de granit appartiennent sans aucun doute à mes impressions d'enfance. On les entendait surtout la nuit, toutes les nuits, pendant des mois. L'hypothèse la plus souvent avancée par nos grands-parents, inquiets à leur tour de ce phénomène dont personne ne donnait d'ex-plication officielle, était le lent travail d'excavation effectué sous les falaises par le génie, taupe géante, en vue d'y établir d'énormes réservoirs souterrains, destinés au stockage du mazout nécessaire à notre flotte de combat. Une puissante escadre se trouvait, à l'époque, basée à Brest. La ville entière et ses alentours nous apparaissaient comme placés sous la domination suprême, mystérieuse, de l'amirauté.

Mon grand-père, homme tendre, gentil, pacifique, aux yeux bleu clair, à la barbiche blonde et douce, qui chantait *Le temps des cerises* d'une voix émue, brisée par l'emphysème, avait passé toute sa vie active sur les vaisseaux de guerre. Son sabre d'abordage est encore là-haut, dans une chambre du grenier, avec la lourde malle en camphrier aux épais coins de cuivre, dont la plaque d'identité porte son nom gravé en noir dans le métal jaune : Paul Canu.

Orphelin, pupille de la nation, sa première jeunesse s'était écoulée dans les landes salées du Cotentin, près de La Haye-du-Puits, à garder les vaches en se récitant les courts poèmes de circonstance qu'il composait pour se distraire. Engagé de bonne heure dans la marine à voile, il avait plusieurs fois doublé le cap Horn, attendu longuement les alizés, remonté le fleuve Jaune, fait la guerre de Chine, les campagnes d'Annam et du Tonkin. Il en avait rapporté de glorieuses médailles multicolores, le grade de second maître fourrier, des cendriers en bambou, les restes dépareillés de deux services à thé en porcelaine translucide, brisés au cours du voyage, et une grave tuberculose pulmonaire dont il est mort prématurément. Je ne l'ai connu que déjà très affaibli par la maladie, mais toujours souriant, entre les quintes de toux.

Les images, dans ma mémoire, le représentent arrêté au milieu de sa traversée en chaussons du jardin de légumes, pour se reposer un moment, les mains appuyées par le revers du poignet derrière les hanches, et puis assis à la table ronde de la cuisine, les coudes en cuir de son paletot sur la toile cirée à fleurs, épluchant méticuleusement avec son canif les petites pommes tombées pour en faire de la compote, ou bien occupé à trier dans la cour et à nouer en grappes sphériques, en y mettant le même soin patient, les échalottes fraîchement récoltées qui séchaient au soleil d'automne sur des vieux sacs en jute, ou encore faisant une partie d'écarté avec mon père dans la salle à manger, la corneille apprivoisée perchée sur son épaule, qui s'amusait à faire basculer devant ses yeux, au moment où il retournait l'atout, la visière vernie de sa casquette, dont il rétablissait l'aplomb d'un geste cent fois recommencé, avec calme, tout en proférant à mi-voix d'interminables jurons à tiroirs. Quelquefois, lassée de ce jeu, la corneille — qui s'appelait Tiote, à cause de l'appel copié sur son propre cri que ma mère répétait, à tous les vents, pour la faire rentrer le soir —, la tiote donc sautait soudain sur la table, prenait vivement une carte dans son bec et s'envolait jusqu'en haut du buffet à deux corps, où elle la cachait entre les pots de confiture, groseille et cassis, recouverts d'un papier brun serré par une mince ficelle. Il fallait chercher un escabeau pour continuer la partie.

Grand-père parlait peu. Je ne me souviens pas qu'il nous ait jamais fait le moindre récit de ses multiples tours du monde, dont je ne connais presque rien, en dehors des menues bribes rapportées par ma mère ou par mes tantes : les navires partaient pour trois ans..., on élevait à bord des moutons et des poules..., quand l'embarquement se faisait à Toulon, les marins bretons traversaient toute la France à pied... Un jour, l'amiral Guépratte est venu chez nous en personne, pour épingler la Légion d'honneur sur la poitrine du bon serviteur de la Patrie et de son Empire colonial. Ce fut une belle journée pour mon grand-père, m'a-t-on dit. Mais je ne sais plus si j'ai assisté à la scène, ou si on me l'a seulement racontée. Peut-être même était-ce avant ma naissance.

Voilà donc tout ce qu'il reste de quelqu'un, au bout de si peu de temps, et de moi-même aussi bientôt, sans aucun doute : des pièces dépareillées, des morceaux de gestes figés et d'objets sans suite, des questions dans le vide, des instantanés qu'on énumère en désordre sans parvenir à les mettre véritablement (logiquement) bout à bout. C'est ça, la mort... Construire un récit, ce serait alors — de façon plus ou moins consciente — prétendre lutter contre elle. Tout le système romanesque du siècle dernier, avec son pesant appareil de continuité, de chronologie linéaire, de causalité, de non-contradiction, c'était en effet comme une ultime tentative pour oublier l'état désintégré où nous a laissés Dieu en se retirant de notre âme, et pour sauver au moins les apparences en remplaçant l'incompréhensible éclatement des noyaux épars, des trous noirs et des impasses par une constellation rassurante, claire, univoque, et tissée à mailles si serrées qu'on n'y devinerait plus la mort qui hurle entre les points, au milieu des fils cassés renoués à la hâte. Rien à dire contre ce projet grandiose et contre nature... Rien à dire, vraiment ?

27

Rien à dire contre l'Eglise ? Rien à dire contre la Loi ? Rien, sinon qu'elle est précisément l'inacceptable acceptation de la mort elle-même : mort de l'homme avec un petit h au profit de quelque idéale majuscule trônant au ciel, mort de l'instant qui passe (à qui j'ai à peine le temps de dire : tu es si beau...), ta mort à toi, lecteur, c'est-à-dire aussi la mort de moi. Car, s'instituant en catimini comme naturel, ce récit rassurant, mensonger (puisqu'il parle au nom d'une vérité éternelle), totalitaire (puisqu'il ne laisse plus de place pour quelque espace vide que ce soit, ni pour rien de plein qui serait en dehors de sa trame), ce récit vampire, tout en prétendant me sauver de ma mort prochaine, va dès l'abord me persuader que j'ai déjà cessé de vivre, depuis toujours.

Le fameux passé défini, « historique », qui ne sert à rien dans la vie courante mais qui est la règle dans ce roman-là, qu'est-ce d'autre, en effet, que la glaciation subite et définitive du plus inachevé des gestes, de la plus fugitive pensée, du plus ambigu des rêves, sens suspendu, désir fragile, souvenir égaré ou inavouable ? Ce passé « simple » est seulement simple — et sûr, et plein — comme la tombe. Un dernier reste de vie, en cette mascarade, ne se traduirait plus que par un tel pouvoir, déraisonné, de représenter soi-même et le monde comme coulés de toute éternité dans le même compact et impérissable béton.

Certainement, ceci a compté pour moi dans mes années d'apprentissage d'une écriture qui se cherchait (qui se cherche encore) : l'étonnant passage, chez Sartre, de *La nausée* à *L'âge de raison*. Cette liberté naissante, insaisissable, qui faisait trembler le corps et vaciller l'esprit de Roquentin, au passé composé comme au présent, voilà que tout à coup, dès les premières pages des prétendus *Chemins de la liberté,* elle s'immobilise sous la forme d'un passé historique qui s'abat sur les personnages (et sur l'écrivain ?) comme une chape de plomb : « Mathieu pensa... » Mathieu peut bien penser ce qu'il veut — qu'il est vieux, qu'il est libre, qu'il est un salaud —, du moment qu'il le fait à ce temps grammatical, ça ne me laissera la possibilité que d'une accablante lecture : Mathieu pensa qu'il était mort. Sa liberté elle-même, son bien le plus cher, n'est ainsi qu'une fatalité de plus, une essence maudite, qui se fige aussitôt dans ses veines, parce qu'elle a été comme décidée par un dieu extérieur au texte : la narration traditionnelle. On imagine le soupir de soulagement poussé par François Mauriac : « M. Jean-Paul Sartre et la liberté ! »

Que fait maintenant le roman moderne, celui que l'on a appelé (nous allons tout de suite voir pourquoi) Nouveau Roman ? De nouveau c'est un récit, et qui recherche sa propre cohérence. De nouveau c'est l'impossible mise en ordre de fragments dépareillés, dont les bords incertains ne s'adaptent pas les uns aux autres. Et, de nouveau, c'est la tentation désespérée d'un tissu à la solidité de bronze... Oui, mais ce qui se passe dans ce tissu, le texte, c'est qu'il est à présent le territoire et l'enjeu d'un combat. Au lieu de s'avancer en juge aveugle, comme la loi divine, dans une volontaire ignorance de tous les problèmes que l'ancien roman masque et nie (celui de l'instant, par exemple), il va au contraire se livrer sans cesse à une exposition délibérée au grand jour, et à une précise mise en scène, des multiples impossibilités où il se débat, et qui en même temps le constituent. A tel point que cette lutte interne va devenir bientôt (à partir des années 60) le sujet même du livre. D'où ces systèmes compliqués de séries, de bifurcations, de coupures et de reprises, d'apories, de changements à vue, de combinatoires diverses, de déboîtements ou d'invaginations, etc.

Placé devant cette entreprise dérisoire, ou bien académique, et de toute façon inutile, de dire qui était mon grand-père, je me sens tel Roquentin devant les restes dispersés et inertes du marquis de Rollebon. Et, tel Roquentin à la dernière page de *La nausée,* je comprends qu'une seule décision s'impose : écrire un roman, qui certes ne sera pas *L'âge de raison,* mais *Un régicide,* par exemple, ou plutôt *Souvenirs du triangle d'or...*
Mais nous n'en sommes pas rendus à ce point, puisque je tâtonne encore ici, par perversité, dans l'entreprise réaliste, biographique et représentative. La plus grande partie de la journée, grand-père faisait des mots croisés, à la table de cuisine, ou sur l'étroit abattant de sa commode-secrétaire. Il classait aussi, longuement, des papiers de menus formats dans ses neuf petits tiroirs en bois jaune pâle, cernés de noir... Après avoir écrit la phrase qui précède, j'ai voulu vérifier ce détail (est-ce l'entourage qui est noir, ou seulement les boutons ?) en descendant au rez-de-chaussée de la stricte demeure normande où je travaille depuis quinze ans. Il n'y a que cinq petits tiroirs, derrière l'abattant à coulisseaux, extérieurement camouflé lui-même en tiroir de commode. Quelle importance ? De toute manière, ce meuble ne se trouve donc plus à Brest, où tout a changé, jusqu'au plan de la vieille maison, reconstruite après la guerre et qui

30

ne ressemble pas vraiment, désormais, à celle des années 30...

Voici que la confusion s'accroît encore, car je recopie ce passage, un mois plus tard, dans l'appartement de Bleecker street, à New York, et il existe en cet instant, dans ma mémoire, deux commodes-secrétaires assez sensiblement différentes : celle de Kerangoff et celle du Mesnil-au-Grain. L'une des deux a d'ailleurs été récemment restaurée par un ébéniste.

Devant le monde qui bougeait trop vite, autour de lui déjà, grand-père disait : « Il fait bon vieillir. » Juste au moment de mourir, pourtant, il a murmuré dans un soupir : « Et moi qui avais encore tant de choses à faire ! » Aujourd'hui, l'écho de cet imparfait me serre la gorge. Il devait se faire du souci pour les bouts de papier dans les tiroirs, les petites pommes tombées, la fine pellicule rose-orange qui se décolle autour des échalottes. On n'a jamais fini de mettre les choses en ordre.

Un scrupule me vient ; cette formule « il fait bon vieillir » doit appartenir à mon autre aïeul, beaucoup plus âgé : Ulysse Robbe-Grillet, père de mon père, instituteur à la retraite (à Arbois) que l'on appelait grand-père Robbe pour le distinguer du premier et dont je n'ai gardé aucun souvenir, hormis sa silhouette massive et ses grosses moustaches sur des photographies décolorées.

Grand-père Canu, je ne l'ai en somme pas connu davantage. Mais je l'aimais bien, il me semble. Quant à lui, il ne s'est guère intéressé à moi, m'a-t-on dit. J'étais petit et rêveur. J'avais de longs cheveux bouclés, comme une fille, et je prenais volontiers des airs câlins. Je pleurais quand je m'écorchais les genoux. J'avais peur, le soir, de traverser la cour sans lumière pour me rendre aux cabinets campagnards, à l'ancienne mode, qui n'étaient pourtant qu'à dix mètres. Jamais je ne pourrais porter l'uniforme ni me servir du lourd sabre d'abordage... (Attention : double piège à psycho-machine!) A la réflexion, je ne pense pas que mon doux grand-père, qui était fourrier, s'en soit jamais servi, lui non plus.

Une dernière image le montre de dos, à la porte de la barrière en bois donnant sur la route, dont la moitié gauche est ouverte. Du coude droit, il s'appuie à la boîte aux lettres, fixée à l'intérieur du battant resté clos. Je crois qu'il attend le facteur.

Derrière lui, il y a ce que nous appelions le jardin-de-devant (le potager était de l'autre côté de la maison), minuscule parc à l'anglaise avec des pelouses en minia-ture, des massifs d'arbustes — deutzias, weigelias, rhododendrons — et des robiniers, lauriers-palmes ou troènes du Japon en guise de grands arbres, sans oublier les deux indispensables palmiers chamérops qui ont survécu aux bombardements, incendies et démolitions. Tout cela, qui avait été planté à l'état de graines ou de boutures par le brigadier des douanes Perrier, père de ma grand-mère, nous paraissait gigantesque.

Devant lui, c'est la « plaine de Kerangoff », vaste terrain d'exercice militaire, sans clôture, où manœu-vraient de temps à autre les fusiliers-marins qui jouaient à la petite guerre ; le reste du temps, la plaine était déserte, abandonnée à nos propres courses et à la cueil-lette des champignons rosés, sans compter le troupeau de moutons qui entretenait l'herbe bien rase et dont nous ramassions les crottes noires pour les rosiers et les pommes de terre.

Au-delà encore, il y a toute la rade de Brest, bien visible de cette hauteur depuis l'embouchure de l'Elorn jusqu'au goulet, avec au premier plan les bassins de l'arsenal et la rade-abri protégée par ses deux longues digues, dont l'ouverture béante — un feu vert, un feu rouge — nous donnait l'impression d'être située juste en face de chez nous, comme un prolongement magnifique de la porte à claire-voie du jardin et des trois marches en granit donnant accès au couloir, maintenant disparu, qui coupait en deux parties égales le rez-de-chaussée de la maison. Cette porte d'entrée, avec son haut judas rectangulaire dont la vitre est protégée par une grille en fonte très ornementée, se trouve actuellement, sans transformation importante, dans le New York du crime et du viol, au début de *Projet pour une révolution...* Pardonnez-moi, Jean Ricardou.

Et mon grand-père, qu'est-il devenu, ses yeux pâles perdus vers l'horizon gris, fermé sur l'autre rive de la rade par la presqu'île de Crozon et le Menez-Hom ? C'est peut-être lui, le vieux roi Boris, toujours accompagné par les coups sourds qui résonnent d'étage en étage, depuis la cave jusqu'au grenier, et qui répare avec tant de soin le mince éclat arraché au placage en acajou de son secrétaire, avant de faire face avec un dernier sourire au peloton d'exécution. Et pourtant, les corbeaux dans les frênes centenaires, dénudés, sont sans aucun doute ceux du Mesnil.

Quelques années à peine après sa mort, c'était le superbe été de 1940. Je venais de terminer brillamment, au lycée de Brest, ma classe de mathématiques élémentaires. La belle escadre a quitté la rade, à la tombée du jour, pour n'y plus jamais revenir. Le génie maritime avait, en partant, mis le feu aux réservoirs souterrains, qui existaient ainsi pour de bon. Le mazout a brûlé pendant près d'une semaine. Les collines, du côté de la Maison Blanche, dans le fracas des explosions, laissaient échapper des flots de bitume embrasé noyant ruisseaux et prairies, tandis que s'élevaient de formidables colonnes de flammes rouges et de fumées noires qui retombaient sur le jardin en vapeurs chaudes, suffocantes, chargées de suies épaisses et lourdes comme des flocons de neige, au goût âcre de lampe à pétrole mal réglée, le goût de la défaite, joint à celui de la paradoxale liberté que l'on trouve dans l'écroulement de sa propre nation (piège à psy., suite).

J'ai raconté, quelques mois plus tard, cette sensation de désastre grandiose, et vide, dans ma première œuvre en prose, qui succédait aux deux ou trois poèmes composés cette année-là. Il s'agissait d'une nouvelle, de forme très classique, destinée à un concours d'amateurs organisé par un hebdomadaire du début de l'occupation, qui devait s'appeler *Comoedia*. Je n'ai jamais reçu de réponse ; et j'en ai, moi aussi, perdu le texte. Si mes souvenirs sont bons, celui-ci n'avait aucun intérêt : une vague histoire d'amour adolescent, finissant en déroute confuse.

Peut-être le décor du flirt rappelait-il la classe de mathélème, qui était mixte, ce dont mon esprit studieux avait sans doute été fort occupé, à son insu, durant l'année scolaire. Mon jeune héros en tout cas, abandonné et déçu, voyait son rejet sentimental doublé en contrepoint par notre défaite militaire, et notre désarmement.

Il s'embarquait, à la fin, sur l'un de ces raffiots emmenant vers l'aventure quelque garçons à corps perdu qui tentaient d'atteindre les côtes anglaises, peu nombreux, il est vrai, tant était vivace dans les cœurs la haine séculaire entre ces deux peuples de marins rivaux, attisée encore ici par les rancunes toutes fraîches issues de leur commune débâcle, et largement reprise à son compte par l'ensemble de ma famille. Il n'y avait donc de similitude avec mon histoire personnelle, sans passion visible, ni dans ce dépit amoureux ni dans ce départ dramatique sous l'éruption des citernes en flammes. Ou bien c'est mon propre fantôme qui fuyait le Vésuve, à la poursuite d'une indifférente et hautaine Gradiva.

Le cinquième jour du cataclysme, j'ai vu mon premier soldat allemand. Il arrivait en cahotant, sur le siège d'une motocyclette à side-car, par le chemin creux qui montait depuis l'arsenal jusqu'à la plaine de Kerangoff. Dans l'habitacle en contre-bas de la voiturette, un second soldat se tenait tassé, coiffé du même casque lourd qui écrasait la nuque, et pointant vers l'avant une mitraillette. Leur visage était fatigué, les traits creusés, le teint plombé de poussière. Entièrement du même ton verdâtre et minéral que leur peu spectaculaire machine, ils ont ainsi traversé la plaine en biais, vers le cimetière de Recouvrance, secoués par les inégalités du terrain, solitaires et dérisoires : nos vainqueurs... On peut les retrouver à présent dans le *Labyrinthe*, avec leur véhicule archaïque et leur air exténué, avant-coureurs de l'armée ennemie qui investit la ville prise.

J'ai quitté la maison deux mois plus tard, pour regagner Paris. Je ne l'ai revue qu'en ruines. Maintenant il n'y a plus de plaine de Kerangoff. A la place de la route en terre incertaine, sinueuse, il y a une rue rectiligne et goudronnée, avec des trottoirs, qui porte le nom d'un maréchal de la précédente guerre contre l'Allemagne, celle que mon père a gagnée, dont les récits d'héroïsme trouant l'interminable cauchemar boueux avaient hanté d'une crainte obscure (tu seras soldat, toi aussi) la moitié parisienne de ma trop imaginative enfance. La maison natale, rebâtie avec amour par ma mère, en pierre cette fois, autour de l'ancien escalier miraculeusement épargné par les bombes, disparaît aujourd'hui entre les hachélè-mes, et l'on ne salue plus depuis les fenêtres des cham-bres, au premier étage, le vieil océan aux vagues de cristal dans son halo de brume grise.

Cependant j'avais dû déjà, peu à peu, prendre conscience de l'ambiguïté de mes rapports avec cette mer dont je m'étais d'abord cru détaché. C'est bien à elle, en fin de compte, que m'unissaient les liens les plus forts : inexorablement, je me sentais entraîné vers les chimères et les ténèbres qui remuent dans sa masse profonde, sous le calme apparent de la surface comme sous la trop joyeuse furie des lames qui déferlent, et retombent en clair feu d'artifice. Durant toute l'occupation, l'accès des côtes bretonnes nous est demeuré interdit par l'admi-nistration militaire allemande : y posséder une maison de famille ne constituait pas à ses yeux une excuse suffisante. Peut-être a-t-il fallu cette rupture du contact physique, ombilical, et cette longue séparation pour que la métamorphose achève de s'accomplir, dans ma tête.

J'imagine aussi un intermédiaire possible : la musique, dont l'apport a pu être décisif, ou du moins qui aurait joué là un rôle important de catalyseur. Je découvrais alors, avec enthousiasme, Wagner en même temps que Debussy. La succession indéfinie des accords vagues qui ne trouve jamais le repos d'une tonalité fermement assise, pour prendre pied, c'était comme la mer qui monte, vague après vague, en dépit de ses reculs spécieux. Il ne m'est pas resté à la mémoire de révélation violente et soudaine, derrière quelque pilier de l'Opéra ou de la salle Pleyel, mais je sais que, dès de début des années 40, je ne pouvais entendre *Pelléas* ou *Tristan* sans me sentir aussitôt soulevé par les mouvements insidieux et redoutables de la houle, aspiré bientôt à mon corps défendant au sein d'un univers liquide, inconnu, mouvant, irrationnel, qui va m'engloutir, et dont le visage ineffable est à la fois celui de la mort et celui du désir, vieille illusion tenace de notre Occident qui court depuis Platon jusqu'à Hegel, même jusqu'à Heidegger, et à travers aussi toute la tradition chrétienne, pour qui ce monde-ci n'est qu'une apparence au-delà de quoi s'en cache un autre, plus « vrai »; celui-là commencerait seulement après la définitive et bienheureuse noyade.

Lorsque j'entreprends enfin l'écriture d'un roman, quatre ans après la libération, ça n'est certes pas dans une telle perspective, mais en réaction totale, au contraire, contre cette tentation mortelle qui va confondre l'anéantissement avec la jouissance suprême, la perte de connaissance avec l'épanouissement, et bientôt le désespoir avec la beauté de l'âme. J'ai même conduit la bataille avec une si convaincante vaillance, dans tous mes premiers livres publiés, étayant de surcroît mes fortifications par quelques articles polémiques en forme de limpide théorie, qu'on a bien du mal à retrouver, dans les appréciations — quelles soient ou non défavorables — portées sur moi à l'époque, la trace, même douteuse, des mónstres contre lesquels je luttais. Il y a eu Maurice Blanchot, bien sûr, et quelques-uns encore. Mais les autres, tous les autres ?

Il est quand même étrange que tant de lecteurs, qui n'étaient pas tous dépourvus de sensibilité, ni d'intelligence, se soient laissés abuser à ce point. Si j'ouvre aujourd'hui *Le voyeur* ou *La jalousie,* ce qui me saute aux yeux dès l'abord, c'est précisément le difficile et inlassable combat mené par la voix narratrice, celle de Mathias le voyageur comme celle du mari sans nom, contre le délire qui les guette et qui affleure à maint détour de phrase, pour prendre même plus d'une fois le dessus tout au long d'un paragraphe. Il faut en conclure (et cela doit être vrai aussi pour moi, hélas, quand je lis les autres) que percevoir dans sa complexité le texte d'un écrivain est une chose bien difficile, sitôt qu'il est un peu retors. Je mettrai à part, néanmoins, le cas de Roland Barthes, à qui personne ne saurait donner des leçons de ruse. Aux prises avec ses démons personnels, il cherchait à toute force, pour les braver, un degré zéro de l'écriture auquel il n'a jamais cru. Ma prétendue blancheur — qui n'était que la couleur de mon armure — venait à point nommé pour alimenter son discours. Je me suis donc vu sacré « romancier objectif », ou pire encore : qui essayait de l'être, mais qui, par manque du moindre métier, ne parvenait qu'à être plat.

Par hasard, dans le bureau qui m'a été attribué ici pour quelques mois, à New York University, je suis tombé hier sur un exemplaire du *Voyeur* vigoureusement annoté à la main, puis abandonné dans le fouillis des rayonnages, par un de mes prédécesseurs, qui a dû faire un cours sur ce livre tout en le détestant. Chaque fois qu'un piège particulièrement grossier se trouve tendu à sa lecture, il y tombe à pieds joints et, d'un air triomphant, signale en marge l'erreur que je commets là par rapport à mon haïssable système. Comment ce professeur ne voit-il pas que Mathias, en contradiction délibérée avec tout ce que j'ai pu dire sur l'honnête usage des temps grammaticaux, entreprend le récit de ses journées dans l'île à la troisième personne d'un passé simple éminemment suspect, et qui devrait d'autant mieux donner l'éveil qu'il se voit soudain, en des points décisifs de la narration, contrecarré par de brefs passages au présent, paraissant échapper à son contrôle... Mais, grands dieux, pas au mien ! Qu'on me rende au moins cette justice. Mathias — ou, plus exactement, le texte qui le parle — emploie le langage traditionnel de l'irrécusable vérité parce que, justement, il cache quelque chose : le trou dans son propre emploi du temps. De la même façon, s'il décrit avec un soin méticuleux à garde-fou géométrique le monde qui l'entoure, et dont il redoute la traîtrise, c'est *dans l'intention* de le neutraliser. D'ailleurs le monstre marin (celui qui dévore les fillettes) est nommément présent dans les pages du livre, vers la fin, et presque aussitôt on s'aperçoit que Mathias, au bord de l'évanouissement, vient de perdre pied.

Quant au narrateur absent de *La jalousie*, il est lui-même comme le point aveugle dans un texte basé sur les choses que son regard tente désespérément de mettre en ordre, de tenir en main, contre la conspiration qui menace à chaque instant de faire chavirer les fragiles échafaudages de son « colonialisme » : la végétation proliférante des tropiques, la sexualité ravageuse prêtée aux Noirs, les yeux sans fond de sa propre épouse et tout un univers parallèle, innommable, constitué par les bruits qui cernent la maison. Comment se fait-il qu'on ait si peu parlé du rôle de l'oreille, dans ce roman qu'on a même prétendu voué à un seul sens : la vue ? La raison doit se trouver, au moins en partie, dans cette déconcertante technique du « centre vide », qui commençait à se développer depuis *Les gommes* et sur laquelle il nous faudra revenir.

Mais une question plus générale se pose, à l'auteur cette fois. Pourquoi compliquer ainsi la lecture d'un roman par tant de traquenards et chausse-trapes ? C'est-à-dire pourquoi le texte *doit*-il être piégé ? Et comment fonctionnent ces pièges ? Quel est donc ce rapport bizarre que j'entretiens avec mon indispensable lecteur, puisque je fais tout pour l'égarer, et pour ensuite le confondre ? Répondre à cela n'est certes pas facile, mais il faut essayer, sinon nous ne pourrons pas aller plus loin.

On me presse en effet de tous côtés : pourquoi ne pas dire les choses plus simplement, vous mettre à la portée du public, faire l'effort nécessaire pour être mieux compris, etc. ? Ces formulations-là sont de toute façon absurdes. J'écris d'abord contre moi-même, nous l'avons vu, donc contre le public aussi. Faire mieux comprendre quoi ? Du moment que je poursuis une énigme, qui m'apparaît déjà comme un manque dans ma propre continuité signifiante, comment serait-il envisageable d'en faire un récit plein, sans faille ? Que pourrais-je traduire « avec simplicité » d'un rapport si paradoxal au monde et à mon être, d'un rapport où tout est double, contradictoire et fuyant ?

Le langage « articulé », j'insiste à nouveau là-dessus, est structuré comme notre conscience claire, ce qui revient à dire : selon les lois du sens. Il se trouve ainsi, par voie d'immédiate conséquence, incapable de rendre compte, à la fois d'un monde extérieur qui précisément n'est pas nous, et des spectres qui s'agitent à l'intérieur de notre corps. Mais, en même temps, il me faut bien utiliser ce matériau-là, le langage, si inadapté soit-il, puisque c'est cette conscience claire — et rien d'autre — qui se plaint du non-sens et du manque.

J'ai signalé déjà comment le roman moderne, pour dépasser cette contradiction (la première), choisit de la prendre, non plus comme sujet d'études, mais comme oraganisatrice de fiction. Allons maintenant plus loin. Une telle mise en jeu d'un manque fondamental, par les formes mêmes du récit, va conduire aussitôt à frustrer le lecteur, à l'appâter puis à le décevoir, à lui montrer sa place dans le texte en même temps qu'à l'en exclure, à le tromper au moyen de leurres dont la machinerie sera d'autant plus complexe qu'elle aura pour mission de ne rien produire : ni objet du monde, ni sentiment ; elle devra seulement « fonctionner », dans la transparente étrangeté d'un piège à mutiple détente, piège pour lecture humaniste, pour lecture politico-marxiste ou freudienne, etc., et, pour finir, piège pour amateur de structures dépourvues de sens.

C'est ici que le *Sonnet en x* de Mallarmé rejoint le *Grand verre* de Marcel Duchamp, qui n'a pas pour fonction de mettre en poudre du chocolat — objet du monde — ni de broyer le noir des démons célibataires. En fait, ce qui vient d'être dit de la fiction écrite va s'appliquer à toutes les autres constructions de l'art actuel, qui ne doivent rien pourtant au langage articulé, depuis les peintures de Jasper Johns jusqu'aux plus muettes des performances théâtrales de Bob Wilson ou de Richard Foreman. Cela s'applique donc a fortiori au cinéma, puisqu'il est lui-même un véhicule reconnu de fiction. Mais peut-être les mots restent-ils, malgré tout, le lieu privilégié — parce que plus scandaleux aux yeux de la loi — d'une telle expérience du vide.

Est-ce là, alors, ô Socrate, ce que le vulgaire nomme gratuité ? Examinons de près cette opinion, fils de Sainte-Beuve. Tout d'abord, il faut se méfier de ceux qui utilisent le mot « gratuit » comme une injure. Quand je lis, dans une gazette, qu'il y a dans tel ou tel film des travellings gratuits, que dois-je comprendre, sinon qu'on n'en voit pas la « signification » exacte ? La gratuité, selon cette idéologie de la marchandise, se définirait par opposition à la « plus-value » du sens ; elle se trouverait ainsi, en effet, de mon bord. Et cependant...

Et cependant ne voit-on pas — et une fois de plus dans ces pages — que je tente moi-même sans cesse de me justifier ? Parce que ce rapport idéologique au sens (à la loi), cette soif de comprendre du sens, cette hâte à en fournir, je l'ai aussi en moi, sans aucun doute. Non, le *Grand verre* n'est pas gratuit, ni le *Sonnet en x* ; gratuits, ils seraient de nouveau du côté de la sainte simplicité, et non de l'inquiète recherche. D'où la complication croissante de mes propres machines, avec *Topologie d'une cité fantôme* et *Projet pour une révolution,* où chacun d'ailleurs a pu reconnaître au passage la célèbre mariée mise à nu... Mais n'anticipons pas, comme disait le roi Ménélas.

Donc je décide, en 1948, d'écrire un roman. Je quitte, presque du jour au lendemain, l'Institut national de la statistique où une carrière toute tracée s'ouvrait devant moi, pour me retirer chez ma sœur, à Bois-Boudran, en Seine-et-Marne, dans un laboratoire biologique situé en pleine campagne, centre d'insémination artificielle et de recherche sur les hormones. Mon travail quotidien — trois fois quarante minutes, environ — consiste à faire, toutes les huit heures, des frottis vaginaux à des centaines de rates castrées auxquelles on a injecté sous la peau diverses urines de juments gravides, dont on prétend connaître ainsi la teneur en folliculine, le seuil de réaction de chaque animal ayant été étalonné à l'aide de solutions témoins. Tout le reste du temps, je compose *Un régicide,* au verso de l'arbre généalogique des taureaux hollandais dont nous vendons le sperme aux paysans. J'inscris d'abord le titre, puis la citation de Kirkegaard sur le séducteur qui « traverse le monde sans y laisser de trace »; dès ces premiers mots, le paradoxe se trouve posé, sous la forme d'un objet en soi contradictoire : l'attentat suprême qui détruit en même temps sa propre inscription. Et la mer apparaît, ce double de moi-même qui efface la marque de mes pas; j'écris alors ma première phrase, répétition immémoriale d'une action toujours déjà faite, accomplie, sans qu'aucune empreinte en témoigne jamais derrière moi : « Une fois de plus, c'est, au bord de la mer, une étendue de sable fin coupée de rochers et de trous, qu'il faut traverser, avec de l'eau parfois jusqu'à la taille. La mer monte... » Le danger sournois, la peur, sont au rendez-vous, comme d'habitude.

Il ne fait aucun doute pour moi que ce début s'inspire, de façon directe, d'un cauchemar itératif personnel qui s'est reproduit périodiquement, toujours identique, pendant des mois, vers l'époque de ma puberté. Quelques pages à peine plus loin, le héros du livre, Boris le régicide (dans ce texte-là, c'est le roi qui s'appelle Jean, situation onomastique inversée, au bout de neuf romans, dans les *Souvenirs du triangle d'or*), Boris le célibataire, Boris le rêveur est aux prises avec des sensations d'impossibilité, d'inaptitude, ou d'interdit, au niveau des molaires, de la langue, des gencives, qu'il tente à la fois de localiser, de décrire et de chasser, ce qui revient au même. Là encore, ce sont des troubles d'enfance qui remontent à ma mémoire. Et ils le font au moment où viennent de reparaître dans ma vie, de manière cette fois impérative, les fantômes de ma différence sexuelle. Je les fréquentais bien entendu depuis longtemps, quinze ans déjà, mais je dois désormais accepter cette évidence : seules des mises en scène (ou des imaginations) « perverses » excitent mon désir, ce qui va d'autant moins sans problèmes que je suis attiré surtout par les très jeunes filles.

L'océan et ses rivages incertains figurent, dans ce premier roman, sous la forme d'un récit à la première personne du présent. Le lecteur les perçoit comme de lentes rêveries à la dérive (dont la « poésie » des landes grises et du brouillard dominent d'ailleurs assez mal les difficultés de la surcharge métaphorique) qui trouent et bientôt pervertissent une continuité « réaliste », rédigée, elle, à la troisième personne du passé historique. Boris y travaille dans une vaste usine où je reconnais sans aucune peine, à de nombreux détails, la Maschinenfabrik-Augsburg-Nürnberg (M.A.N.) dans laquelle j'ai moi-même appris et pratiqué, pendant la guerre, le métier d'ouvrier tourneur.

L'immense atelier avec ses rangées comme infinies de tours automatiques et de fraiseuses, alignés à perte de vue dans une bruine bleuâtre d'émulsion huileuse à l'odeur de graisse cuite, les murs aveugles des magasins en petites briques noircies, l'imposante grille d'entrée qui s'ouvre sur une longue avenue rectiligne de banlieue triste, où bringueballent les vieux tramways vers le lointain cimetière du Sud (nous prenions le tram — comme on disait à Brest — à la gare centrale, où nous débarquaient dès l'aube les trains charbonneux bourrés de travailleurs plus ou moins déportés, qui couchaient sur des châlits à deux étages dans les baraquements en bois formant de vastes camps au milieu des forêts de pins avoisinantes), et aussi les horloges pointeuses avec les fichiers muraux contenant nos cartes de présence, les laisser-passer métalliques qu'il faut présenter à chaque porte de contrôle, tout ce décor est, à peine transposé, celui de mon existence nurembergeoise. Sur une poutrelle de la toiture, au-dessus de moi, était peint en lettres géantes ce slogan sévère, qui s'adressait aussi aux ouvriers allemands : « Du bist ein Nummer und dieses Nummer ist nul » (Tu es un numéro et ce numéro c'est zéro).

C'est peut-être d'abord contre cette loi inacceptable

que mon régicide se révolte : le crime politique majeur — tuer le roi — c'est une méthode sûre pour se faire reconnaître comme individu. Bien que Boris, dans son usine, occupe un emploi qui rappelle davantage mon métier suivant — celui de statisticien —, c'est donc à mon expérience allemande que l'ordre établi emprunte dans ce livre inaugural son sinistre visage, et, je m'en aperçois aujourd'hui, ce n'est évidemment pas un hasard. La dislocation au sein de l'impensable horreur de ce qui avait été l'idéal populaire affiché par le national-socialisme (le travail, la patrie, le sport, les lois sociales, le culte de la nature, les adolescents blonds qui défilent en chantant, le sourire aux lèvres, le regard clair et droit, l'âme aussi propre que le corps, selon l'imagerie la plus rassurante de la bonne santé heureuse), l'inversion brutale de tous ces signes qui révélaient soudain leur autre face, cela m'a plus marqué, je crois, que la débâcle de notre propre armée, cinq ans auparavant.

Ces deux désintégrations successives, je les ai vécues de façons fort différentes, bien entendu, mais pas exactement dans le sens qu'il est de bonne compagnie d'avouer. La défaite de 40 fut certes celle de la liberté, mais chez nous on disait plutôt de la légèreté, du laisser-aller, de l'incurie, de l'esprit jouisseur et veule, bref de la troisième République. L'écroulement du troisième Reich fut au contraire celui d'une certaine idée de l'ordre, qui avait pu nous paraître grandiose, la faillite dans le sang et la folie d'une ordonnance rigoureuse devenue totalitaire. J'ai dit que ma famille était de droite, il faut que je m'explique là-dessus plus longuement.

Selon la vérité officielle, celle qui sous d'autres cieux envoie mourir au bagne les historiens que leur mauvais génie pousse à se demander comment le cuirassé *Aurore* a pu tirer sur le Palais d'hiver, puisqu'il n'était pas à Leningrad en ces glorieuses journées d'octobre, alors qu'on nous le montre bel et bien amarré au quai de la Néva face au palais, à sa juste place, et repeint tous les ans à neuf (la vérité, pour ne pas s'écailler, a besoin d'être régulièrement repeinte), selon donc le discours reçu, la France est d'abord apparue — c'était à la Libération — comme une nation de héros dressés contre l'occupant dès l'armistice dans une résistance quasi unanime, position difficilement tenable mais qui a pu survivre plus de dix ans sans déclancher ni rires ni protestations trop vives. Puis voilà que tout change brusquement : la France n'a été qu'un troupeau de lâches et de traîtres qui a vendu son âme et l'ensemble du peuple juif pour une seule bouchée de pain noir.

Je ne vais pas me risquer (je ne suis pas historien, dieu merci) à rétablir une troisième vérité. Mais il me faut préciser, à ce point de ma modeste autobiographie, que mon expérience vécue ne correspond guère à l'une ou l'autre de ces images. Qu'on me comprenne bien : il s'agit seulement ici de dire, d'essayer de dire comment je voyais les choses autour de moi ; ou même, de façon plus subjective encore, comment je m'imagine aujourd'hui que je voyais alors ces choses.

J'étais un bon fils, le contraire même d'une nature révoltée, je me sentais bien à la maison, où je racontais en détail, sitôt rentré, tout ce que j'avais vu et fait en classe ou sur le chemin ; et, en fait de valeurs, je partageais sans problème la plupart des options politiques ou morales de mes parents : c'est mal de mentir, il faut accepter le monde tel qu'il est, on ne copie pas aux examens, le Front populaire mène la France à sa perte, c'est en travaillant bien qu'on assure son existence matérielle en même temps qu'on accède aux joies de l'esprit, etc., ou même : « c'est pas les plus gros qui sont les plus maigres », car notre folklore comportait de nombreuses fausses sentences, comme pour se moquer gentiment de celles que nous respections.

Je n'avais probablement pas pour mes bons parents une admiration aveugle et sans borne, je ressentais plutôt avec eux une sorte d'alliance sacrée, de communauté fraternelle, de solidarité à toute épreuve. Nous formions comme un clan, mon père, ma mère, ma sœur et moi. J'ai même porté pendant plus de quinze ans à l'annulaire, en guise de talisman, quatre rondelles d'aluminium étroitement accolées que j'avais ramassées dans un bac de pièces détachées, à l'usine M.A.N. en 1943. Un tel esprit de famille n'allait pas sans une certaine distance vis-à-vis du reste des êtres humains : un vague sentiment de supériorité, ou pour le moins de différence.

Un jour, à l'école communale de la rue Boulard, à un petit camarade qui se vantait des galons de capitaine portés sous les drapeaux par son père, j'avais répondu fièrement que le mien était lieutenant-colonel. De retour à la maison, je demandais quelques compléments d'information sur la hiérarchie dans l'armée de terre. En fait, élève aux Arts et Métiers de Cluny, mon père avait, par esprit anarchiste, refusé la préparation militaire supérieure qui lui aurait permis de faire ensuite son service comme officier. Mobilisé dès sa sortie de l'école en août 1914 et envoyé au front comme simple soldat, il avait après quatre années de combats terminé la guerre à l'hôpital, « gueule cassée », couvert de Médaille militaire, Croix de guerre, palmes et citations, mais avec le seul grade de sous-lieutenant.

L'antimilitarisme a sans doute été une des constantes de son existence passionnée, curieux homme de droite qui montrait à ses enfants, non sans quelque gloriole, cette mention en rouge sur son livret de l'école des Arts (où l'on portait encore, en ce début du siècle, l'uniforme et les cheveux ras) : « Affecte une tenue particulièrement malpropre et débraillée. » Ce soir-là donc, à la table familiale où il mangeait invariablement du saucisson à l'ail avec du café au lait, on m'a appris qu'il n'était que sous-lieutenant à la fin des hostilités, lieutenant ensuite comme ingénieur des troupes françaises d'occupation dans les usines de Lorraine reconquises, mais que je pouvais bien, si ça me faisait plaisir, lui donner les cinq barrettes de colonel ou le simple chevron de sergent, car ces choses-là étaient sans aucune valeur. L'orgueil du clan se passait de galons.

Il n'avait rapporté, comme prises de guerre, que les œuvres complètes de Schiller — gros volume relié en toile grise, imprimé bien entendu en caractères gothiques — et un lance-fusées allemand, sorte d'énorme pistolet, à chien très spectaculaire, presque aussi lourd qu'un fusil, dont le canon court était gros comme mon bras de petit garçon. L'impressionnant trophée était accroché, hors de leur portée, au mur de la pièce appelée « bureau » qui servait de chambre aux enfants. Jouer avec cette arme inoffensive, mais avec laquelle on risquait cependant de se broyer un doigt sous le percuteur ou en manœuvrant sans précaution la culasse bien huilée, était interdit, sauf faveur spéciale.

Après son café au lait du soir, papa s'installait au bureau (meuble mastoc en forme de caisson à tiroirs qui provenait des stocks américains) et traduisait avec enthousiasme les drames de Schiller, consciencieusement, l'un après l'autre, couvrant des cahiers d'écolier rayés de petits carreaux d'une minuscule écriture au crayon à encre. Il s'agissait, je crois, d'une sorte de mot à mot littéral, mais tout à fait approximatif, car cet amateur zélé ne cherchait pas aussi souvent qu'il aurait fallu dans son dictionnaire, tandis que la plus grande partie de la grammaire devait lui échapper. Devinant, croyant deviner, improvisant, ne s'embarrassant ni des non-sens ni des étrangetés de son texte, il avançait assez vite, sans souci du qu'en dira-t-on. Anne-Lise, ma sœur, qu'on appelait alors Nanette, prétend que cela a constitué l'un des traumatismes de sa jeunesse (comme d'apprendre, un peu plus tôt, que le Père Noël était une fiction) quand elle a découvert que notre père ne savait pas du tout l'allemand, qu'il n'avait appris ni en classe ni ailleurs.

Etions-nous pauvres? C'est évidemment relatif. En tout cas, je n'ai jamais éprouvé dans mon enfance le moindre sentiment de pauvreté, ne pensant même pas à comparer l'appartement de tel ou tel camarade de classe (après l'école communale, je suis entré comme boursier de l'Etat au lycée Buffon, tandis que ma sœur faisait de même à Victor-Duruy) ou celui des rares fréquentations de ma mère, comme cette amie de cœur qui était dentiste à Brest, avec les trois pièces exiguës de la rue Gassendi dans lesquelles nous vivions encore à quatre quand j'avais déjà plus de vingt ans, où il n'y avait ni tapis ni lustres, mais où les ampoules nues qui pendaient du plafond sur de petites sphères en laiton à trois douilles me paraissaient toutes naturelles, comme le lit-fauteuil que l'on dépliait la nuit pour transformer la salle à manger en chambre à coucher, depuis que ma sœur ne dormait plus — pudeur oblige — entre les mêmes cloisons que moi.

Grâce à son pécule de soldat, mon père, au lieu de rentabiliser son diplôme d'ingénieur A. et M. (prononcez azéhème) dans quelque entreprise métallurgique, avait fondé en s'associant avec un beau-frère un peu plus fortuné la Société Industrielle du Cartonnage, raison sociale pompeuse désignant une minuscule fabrique d'emballages en carton pour poupées de grande série. Trois ou quatre ouvrières agrafaient les boîtes, mon oncle faisait le livreur, mais le plus dur revenait à papa qui, toute la journée, passait les grandes plaques de carton brunâtre dans le massicot à disques, travail dangereux qui aurait requis un ouvrier qualifié, dont hélas le salaire trop élevé était incompatible avec les éventuels et toujours aléatoires bénéfices de l'entreprise.

Le samedi soir, assis au bureau dont on avait pour une fois chassé Schiller, papa, le front soucieux, signait d'un vaste paraphe, illisible et plein de majesté, d'éternels paquets de traites, sans cesse reportées, dont beaucoup relevaient — m'a-t-il dit plus tard — de la pure et simple cavalerie. J'ai su alors qu'il avait ainsi vécu, durant toute notre enfance, dans l'angoisse permanente de cette comptabilité sans fond. Et puis je revois aussi le bout de ses doigts, étrangement lisses et rouges, si usés par le frottement des feuilles de carton que, les hivers froids (l'atelier n'était pas chauffé), des crevasses à vif s'y installaient pour des semaines.

Mais le dimanche matin il ressemelait, en chantant des airs d'opérettes dont il déformait sans retenue paroles et musique, les chaussures usées de la famille. Il possédait toutes sortes d'outils, entassés dans l'étroite cuisine, avec en plus un petit établi d'enfant que le Père Noël avait déposé, à mon intention, devant la cheminée en marbre noir de la chambre des parents où apparaissaient toujours les jouets, le 25 décembre, disproportionné certes, cette fois-là, par rapport au faible diamètre du conduit, et dont je me sers encore parfois dans mon installation moins exiguë du Mesnil. En regardant mon père à l'ouvrage, j'ai pris le goût des travaux manuels, depuis la menuiserie jusqu'au béton armé ; et je regrette de n'avoir plus assez de temps pour restaurer moi-même toutes les maçonneries, huisseries ou ferrures chancelantes de la propriété que j'aime.

Les souliers remis à neuf, papa nous entraînait, au printemps, dans de longues promenades sur les fortifications, du côté de Montrouge, qui pouvaient encore tenir lieu, vaguement, de campagne. Il y avait de l'herbe neuve, du lilas autour des cabanes et, dans les espaces les plus déshérités, les fleurs jaune vif des tussilages crevaient la glaise blanchâtre (leurs larges feuilles, plus tardives, on les faisait sécher comme ersatz de tabac, sous l'accupation). Nous rentrions vers quatre heures de l'après-midi, pour le déjeuner, préparé par maman en notre absence ; il y avait invariablement, une semaine sur deux, un poulet rôti ou un gigot, avec des frites et de la salade. Leur bonne odeur emplissait tout l'appartement. Nous avions faim. Le soir tombait vite, gris-mauve au-dehors, faisant paraître orange et chaude la lumière électrique sur la table ronde qui rassemblait ainsi le clan, et nous racontions à maman nos aventures de la journée.

Je n'ai gardé que de bons souvenirs de ces dimanches, dont on dit en général qu'ils sont détestés par les enfants. Pourtant, j'y repense sans nostalgie : je n'ai pas l'impression que ma façon de vivre, mes rapports au monde, aient fondamentalement changé, quant à la narration présente, que je poursuis contre moi-même jour après jour, je me demande si elle diffère tellement de la transposition patiente, inexacte et absurde, du théâtre complet de Schiller. Comme dessert, papa nous lisait (assez mal) des passages particulièrement polémiques et violents, aux plaisanteries souvent obscènes, toujours injurieux envers les institutions républicaines et leurs représentants au pouvoir, choisis dans les derniers articles de Daudet ou de Maurras. Je ne sais pas comment est aujourd'hui la presse d'extrême-droite, mais je me rappelle *l'Action française* des années 30 comme un journal bien écrit, fort épris de culture gréco-latine et d'une verve exubérante. Les grossièretés les plus vives y figuraient en général dans la langue de Cicéron.

De mes deux grands-pères de gauche, républicains convaincus à l'esprit laïque affirmé bien que souriant, dreyfusards, toujours prêts à dénoncer la sombre alliance du sabre et du goupillon, mes parents avaient conservé un athéisme quasi viscéral. Le rôle pernicieux à tous les niveaux de l'Eglise romaine ne faisait pas plus de doute que l'incapacité fondamentale des généraux. L'excommunication de *l'Action française,* négociée disait-on par Aristide Briand (surnommé depuis lors « le maquereau béni »), si elle avait engendré des drames dans le cœur de bien des chrétiens, n'était chez nous qu'une preuve supplémentaire du bien-fondé de la cause. Partisans d'un catholicisme d'Etat (pour les besoins du peuple) mais excommuniés par le pape, monarchistes mais reniés par le prétendant au trône, les leaders de l'A.F. convenaient parfaitement à cette famille qui n'aimait rien tant que se sentir à part. Le mépris envers les bien-pensants, l'horreur du troupeau (le *servum pecus*), ajoutés aux dérisoires combinaisons parlementaires qui se succédaient à la Chambre, tout cela conduisait naturellement à une haine affichée de la démocratie.

Après ce rituel repas dominical, papa dormait, ou bien il allait faire sa partie de manille avec des cousins du Jura qui tenaient une loge de concierge à Belleville. Et puis, il y avait les dimanches exceptionnels. Quand le grand canal était gelé, à Versailles, nous allions patiner sur la glace illuminée par le soleil d'hiver. Selon l'habitude campagnarde d'autrefois, nous possédions des patins mobiles qui se fixaient aux grosses chaussures de marche par un système de mâchoires à vis. On prenait le train. On avait de longs cache-nez en tricot enroulés autour du menton. A la tombée du jour, en rentrant, on achetait des cornets de marrons chauds, grillés au coin des rues sur de gros fourneaux ronds en tôle noire qu'enveloppaient d'odorantes fumées bleuâtres. C'était le grand bonheur. Une fois qu'il avait beaucoup neigé, papa, dans un élan nocturne impromptu, nous a même confectionné des skis rudimentaires (non cintrés) à l'aide de planchettes et de courroies en cuir, pour nous emmener le lendemain matin glisser sur les allées en pente du parc Montsouris... Ensuite, c'est de nouveau le soir qui tombe et les lumières qui s'allument, dans le crépuscule tranquille figé par le gel.

Ces sensations liées à la venue précoce de la nuit sur la ville hivernale, ou bien, peu après la rentrée des classes, vers la fin de l'automne, quand les devantures vétustes des boulangeries ou épiceries de quartier s'éclairent déjà plus tôt, tandis qu'il fait encore assez doux et qu'une petite pluie très fine parsème d'éclats brillants les rues au pavage inégal, entre les trottoirs couleur d'anthracite où se collent, musquées et luisantes, les dernières feuilles à demi décomposées des platanes, ces sensations très vives (bien que paisibles) de repos vespéral, de lampes accueillantes, de rumeur diffuse et comme lointaine, de soupe aux légumes, d'abat-jour au papier roussi, j'ai signalé souvent que je voyais là une des raisons — sinon la principale — qui m'avaient poussé vers le roman. Je comprends très bien ce que signifie : se mettre à écrire à cause de la couleur jaune aperçue sur un vieux mur. Devant la dureté agressive d'un livre comme *La jalousie,* mes lecteurs sont-ils en droit de s'étonner d'un tel aveu ? Je ne le crois pas.

Ce sont les impressions extrêmement fortes, inoubliables, encore que vagues et fuyantes, provoquées par l'adjectivité poisseuse (mais souvent douillette) du monde familier, par sa charge sentimentale vite insupportable, par son insistance louche, qui nous poussent à entreprendre sa description, pour l'explorer ou pour lui donner forme. Mais aussi bien sans aucune intention de reproduire cette adjectivité-là. Tout au contraire, même, dans mon cas personnel. Et pourtant, n'importe quel amateur attentif pourrait reconnaître sans peine dans le

« souvenir d'enfance » de Wallas, le héros désemparé des *Gommes,* ou bien dans les deux notes plaintives empruntées par les pompiers de New York à ceux de Paris dans *Projet pour une révolution,* l'écho affaibli de telles émotions affectives...

Maintenant que j'ai repris la présente relation, en ce mois d'octobre 1983 (comme je l'ai précisé dans les deux pages rajoutées en tête du volume) au milieu des immenses plaines étrangères et rudes de l'Alberta, à Edmonton, cité de gratte-ciel au luxueux modernisme, aussi différente que possible de ce quatorzième arrondissement de jadis, entre le cimetière Montparnasse et la porte d'Orléans, je relis avec une stupeur nouvelle ces lignes concernant ma vie familiale vers 1930. Une fois de plus je me demande à quoi riment ces évocations. Pourquoi raconter ainsi longuement ces petites anecdotes plus ou moins vaines ? Si elles m'apparaissent un tant soit peu significatives, je me reproche aussitôt de les avoir choisies (arrangées, confectionnées peut-être) précisément pour signifier. Si au contraire ce ne sont que des fragments perdus, à la dérive, pour lesquels je serais moi-même à la recherche d'un sens possible, quelle raison a pu me faire isoler seulement ceux-là, parmi les centaines, les milliers qui se présentent en désordre ?

Pris entre le soupçon d'illustrer des significations préfabriquées et, d'autre part, l'inutile gratuité d'un pointillisme du pur hasard (illusoire par-dessus le marché), je m'avance à l'aveuglette au gré des associations faciles, ou saugrenues. Si encore je pouvais entretenir l'espoir de retrouver sous ma plume (par quel miracle ?) quelques-uns des instants principaux dont je suis fait. Mais y a-t-il des instants principaux ? Voici de nouveau que resurgit l'idée de hiérarchie et de classement. « Dis-moi comment tu classes, proposait Barthes, et je te dirai qui tu es. » Se refuser à classer, ce serait donc se refuser à être, en se contentant d'exister. Alors, pourquoi écrire ?

Naturellement, une sensible tendresse filiale apparaît dans mon hagiographie du clan, comme un petit bouquet déposé au passage sur une tombe. Mon père et ma mère ont beaucoup vécu pour leurs enfants, ils nous ont consacré la meilleure part de leur travail, de leurs soucis, de leurs projets. Cette menue monnaie que je leur rends n'est-elle pas misérable en comparaison ? Ne suis-je pas en train de dessiner seulement un père pittoresque, comme le deviennent tous les gens dès qu'ils sont peints ? Est-il acceptable que toute une vie d'homme ne laisse que ces maigres traces, oubliées au fond d'un tiroir avec quelques photos jaunies de son visage dissymétrique, de sa grosse moustache et de ses molletières ?

Probablement retrouvera-t-on encore les milliers de lettres qu'il a écrites à maman — une par jour sans exception, même si la poste était en grève, dès qu'ils vivaient séparés (par exemple quand elle se trouvait à Brest avec nous, pour les grandes vacances), cela pendant plus de cinquante ans — et qui étaient des lettres d'amour. Elles doivent dormir au fond de quelques malles vermoulues, nouées en paquets par années, dans le grenier de Kerangoff. Difficilement déchiffrables déjà, à l'époque, sans doute vont-elles tomber en poussière, elles aussi, dès que quelqu'un voudra y toucher.

Quant au plaisir visible que j'éprouvais, il y a si peu de temps, à dire que notre père n'était pas de gauche, il me semble que le scandale s'en effrite plus rapidement qu'on n'imaginait. Qui cela peut-il encore choquer aujourd'hui ? A présent que le « socialisme » est au pouvoir en France, tous les intellectuels mal-pensants vont bientôt se retrouver à droite, après un bref purgatoire de silence.

C'est un autre problème qui se pose, du fait que je parle aussi de moi ; ou même : uniquement de moi, comme toujours. Mes parents, c'est déjà moi en train de prendre forme. A qui veut l'entendre, j'affirme récuser l'entreprise autobiographique, où l'on prétend rassembler toute une existence vécue (qui, dans l'instant, faisait eau de toute part) en un volume clos, sans manques et sans bavures, comme font ces vieux maréchaux qui remettent dans une ordonnance convaincante, pour les générations futures, leurs anciennes batailles mal gagnées, ou perdues. Or je me sens, à tout moment, menacé par cette pente, par ce précipice que je côtoie. Il ne suffit pas d'en percevoir les dangers pour échapper à sa fascination.

Depuis quelques semaines est exposée, au Musée d'art moderne de New York, une vaste toile où l'on me voit (un titre descriptif le précise) au milieu de fragments épars. Le jeune artiste (dont j'oublie le nom[2] de façon passagère) m'a représenté à genoux au milieu d'une sorte d'immense désert, à la surface duquel se trouvent répandues des espèces de pierrailles, que je suis en train de

---

2. Ce peintre américain, figuratif de la nouvelle école, s'appelle Marc Tansey, et le tableau en question : *Robbe-Grillet cleansing everything in the sight.* (Note de l'Editeur.)

laver, une à une, avec une brosse et une cuvette. En s'approchant pour regarder avec plus d'attention, on s'aperçoit qu'il s'agit en fait d'objets parfaitement reconnaissables, bien que fossilisés et en miettes, qui sont les débris disparates de notre civilisation, de notre culture, de notre histoire, comme le sphinx de Gizèh, la figure de Frankenstein, ou quelques fantassins de la première guerre mondiale, mélangés à des éléments brisés tirés de mes propres récits, romans ou films (telle Françoise Brion dans *L'immortelle*), et jusqu'à mon propre visage, et aussi moi-même à genoux en train de laver, reproduit à échelle très réduite et pétrifié comme tout le reste.

Je me reconnais volontiers dans cette allégorie pleine d'humour. Mais, après les avoir nettoyés avec soin, ne suis-je pas ici sournoisement occupé à mettre ces morceaux en ordre ? Peut-être même à les recoller ensemble, pour constituer un destin, une statue, les terreurs et les joies du petit garçon formant une base solide pour les thèmes ou les techniques du futur écrivain.

Mettre les choses en ordre. Définitivement ! La vieille obsession naïve reparaît çà et là, ironique, insistante, désespérée, à travers tout mon travail romanesque, dont le héros multiforme récapitule sans relâche son emploi du temps à la charpente trop fragile, compte et recompte ses bananiers mouvants, règle méticuleusement des supplices, ou reprend inlassablement le même épisode (espérant chaque fois en venir à bout de façon logique, rationnelle), la relation par exemple de ce qu'il a exactement vu et fait, à la Villa Bleue, le soir en question. On doit encore y signaler les brèves figures de second plan qui accordent au même entêtement déraisonnable une conscience presque claire, tel Garinati, le tueur maladroit, cherchant la juste place des objets alignés sur l'étagère de sa cheminée, Lady Ava essayant une dernière fois de ranger ses papiers, avant de mourir, ou bien le prisonnier du *Triangle d'or* qui, « pour se justifier » d'on ne sait quel crime, entreprend une description exhaustive et sans faille des murs nus de sa cellule.

Peu après l'acceptation du manuscrit des *Gommes* par les Editions de Minuit, ayant épuisé les modestes réserves amassées scrupuleusement lors de mes trop brefs séjours coloniaux, j'avais trouvé un petit emploi commode à Paris, grâce à mon titre d'ingénieur agronome et à l'intervention de Jean Piel qui était à la fois inspecteur général de l'Economie nationale, beau-frère de Georges Bataille et directeur *de facto* de la prestigieuse revue *Critique,* où paraissaient mes premières notules. Je travaillais donc à l'Assemblée permanente des présidents de chambres d'agriculture, rue Scribe, où j'occupais un vaste bureau en compagnie de deux collègues qui devaient être, eux, des juristes. Ma table était accolée à celle d'un homme remarquablement maigre et sévère, qui me faisait face. Par-dessus les classeurs et piles de dossiers que j'essayais en vain d'accumuler comme rempart, il posait sur moi le regard désapprobateur et muet du juste qui a, du premier coup d'œil, décelé devant lui l'imposture.

Il n'est venu s'asseoir là que durant une semaine, ou à peine plus, pourtant j'ai gardé de ce juge fantôme, avec qui je n'avais pas échangé dix phrases, une image étonnamment nette et dure. Il devait être très malade et, sans aucun doute, le savait, et aussi qu'il allait mourir. Un matin, en arrivant, il a entrepris l'inventaire de ses tiroirs. Pendant trois jours entiers, je l'ai vu, toujours silencieux à deux mètres de moi, trier des masses de lettres administratives, documents professionnels, mémorandums de réunions, brouillons, tableaux de chiffres, coupures de presse et bouts de papier divers, relisant, déchirant, annotant pour son successeur et classant dans des chemises bien étiquetées tout ce qu'il estimait devoir lui survivre. Puis il a quitté son bureau, à l'heure ponctuelle. Il est entré le soir même à l'hôpital pour une intervention chirurgicale sans espoir, et il est mort le lendemain sur la table d'opération.

La condamnation portée sur moi, je l'avais lue dans ses yeux cernés, enfoncés dans leurs orbites, un peu absents déjà, dont l'éclat noir et triste paraissait venir de très loin : d'outre-tombe, ai-je pensé plus tard sans craindre l'emphase. Bien entendu, il avait compris tout de suite que je corrigeais les épreuves d'un roman, et non pas des articles d'économie agricole. Il avait vu que je pensais à autre chose, que je me trouvais là comme de passage, moi aussi. J'étais un faux employé de bureau. Je sortais bien de l'Agro (il avait dû le vérifier dans un annuaire), mais j'étais un faux agronome. Je l'étais déjà, sans le savoir moi-même encore, à cet Institut des fruits et agrumes où j'étais entré comme chercheur après avoir achevé l'écriture d'*Un régicide,* trois ans auparavant.

Un directeur local, qui résidait dans une autre des Antilles, m'avait rendu visite à Fort-de-France lors d'une tournée d'inspection ; et il m'avait montré en exemple le bulletin publié par une de nos stations régionales en Afrique. J'ai donc étudié avec soin les travaux qu'on y relatait, les processus d'expérimentation, les relevés minutieux des difficultés rencontrées, les colonnes de mesures et les réserves quant à leur exploitation statistique, etc. Le lendemain, j'ai fait remarquer à mon supérieur hiérarchique que toutes ces recherches n'aboutissant pour ainsi dire jamais à quelque résultat concret que ce soit, on pouvait très bien en considérer les comptes rendus comme des exercices d'imagination. Et je lui proposais sans rire de rédiger entièrement moi-même en quelques jours, au besoin sous divers pseudonymes, un bulletin mensuel tout à fait comparable...

Il n'a pas ri, lui non plus. Mais lorsque, peu de mois plus tard, je me trouvais en clinique à la Guadeloupe avec de multiples maladies tropicales attestées par toutes sortes d'examens et analyses, cet homme intègre et non dépourvu de finesse — qui d'ailleurs, je crois, m'aimait bien et savait apprécier les qualités dont malgré tout je faisais preuve, même sur le plan professionnel — a sans hésiter, dans son rapport à l'administration centrale parisienne qui s'inquiétait de mon état, déclaré qu'à son avis tout cela, chez moi, était « mental », jugement sans appel (mais probablement moins injuste que je ne l'avais ressenti sur le moment) qui se retrouve intact sept ans plus tard dans *La jalousie,* au sujet des malaises coloniaux minant la santé de l'invisible Christiane, mon chef ayant laissé certains de ses traits les plus grossiers (dont cette phrase) au personnage de Franck, le planteur voisin qui vient toujours dîner sans sa trop fragile épouse.

Roland Barthes (encore lui) semblait, dans la dernière période de son existence, hanté par l'idée qu'il n'était qu'un imposteur : qu'il avait parlé de tout, de marxisme comme de linguistique, sans jamais avoir rien su vraiment. Déjà, de nombreuses années auparavant, il m'avait paru exagérément atteint par les reproches de Picard, qui dénonçait avec vigueur sa méconnaissance du « vrai » Racine et de toute cette époque. Barthes avait pourtant bien précisé qu'il ne présentait rien d'autre, dans son *Racine*, qu'une lecture d'aujourd'hui, donc subjective, aventureuse et datée. Mais le regard courroucé de la vieille Sorbonne soudain le glaçait d'un sentiment complexe de haine et d'effroi. Et plus tard, donc, se sentant vieillir, il se montrait de plus en plus tracassé par l'existence probable — qu'il soupçonnait — de vrais dix-septiémistes, de vrais professeurs, de vrais sémiologues.

En vain je lui rétorquais que, bien sûr, il était un imposteur, parce que justement il était un véritable écrivain (et non pas un « écrivant », pour reprendre sa propre distinction), la « vérité » d'un écrivain, si elle existe, ne pouvant résider que dans l'accumulation, l'excès et le dépassement de ses nécessaires mensonges. Il souriait, avec ce mélange inimitable d'intelligence discrète, d'amitié, mais aussi d'une certaine distance, d'un éloignement du monde qui le gagnait à tout moment, désormais. Il n'était pas convaincu : j'avais moi, certes, me disait-il, le droit d'imposture, le devoir même, mais pas lui, parce qu'il n'était pas un créateur. Il se trompait. C'est son œuvre d'écrivain qui précisément restera. Le demi-discrédit où, si peu de temps après sa mort, beaucoup voudraient le voir tomber, ne prend sa source que dans un malentendu : la fonction de « penseur » qu'on lui avait attribuée de force.

Barthes était-il un penseur ? Cette question, aussitôt en appelle une autre : qu'est-ce qu'un penseur aujourd'hui ? Il n'y a pas si longtemps encore, un penseur devait apporter à ses concitoyens des certitudes, ou du moins quelques axes durs, constants, inflexibles, capables de soutenir son propre discours comme de diriger, par voie de conséquence, la pensée de son lecteur et la conscience de son temps. Un penseur, c'était un maître à penser. La fermeté, c'était sa qualité essentielle, son statut.

Roland Barthes était un penseur glissant. A l'issue de sa leçon inaugurale au Collège de France, comme je manifestais mon enthousiasme devant la performance accomplie, une jeune fille inconnue a bondi sur moi avec véhémence, avec colère : « Qu'admirez-vous là-dedans ? D'un bout à l'autre il n'a rien dit ! » Ça n'était pas tout à fait exact, il avait dit sans cesse mais en évitant que cela se fige en un « quelque chose » : selon cette méthode qu'il mettait au point depuis de longues années, il s'était retiré de ce qu'il disait, au fur et à mesure. Pour mettre en échec sa provocante formule qui faisait tant jaser ce soir-là, affirmant que toute parole est « fasciste », il donnait le troublant exemple d'un discours qui ne l'était pas : un discours qui détruisait en lui-même, pied à pied, toute tentation de dogmatisme. Ce que j'admirais justement dans cette voix, qui venait de nous tenir deux heures durant en haleine, c'est qu'elle laissait intacte ma liberté, mieux : qu'elle lui donnait, à chaque détour de phrase, de nouvelles forces.

Le dogmatisme n'est rien d'autre que le discours serein de la vérité (sûre de soi-même, pleine et sans partage). Le penseur traditionnel était homme de vérité, mais, naguère encore, il pouvait croire de bonne foi que le règne du vrai avançait de pair — même but, mêmes combats, mêmes ennemis — avec tout progrès de la liberté humaine. Au fronton d'un solide monument néo-grec de l'université d'Halifax, en Nouvelle-Ecosse, on peut lire : « La vérité garantit votre liberté »; et le papier à lettre de celle d'Edmonton, sur lequel j'écrivais cet automne, porte comme en-tête cette fière devise : « Quaecumque vera ». Belle utopie, belle tromperie, qui éclaira l'aube euphorique de notre société bourgeoise, comme un siècle plus tard celle du socialisme scientifique naissant. Nous savons, hélas, aujourd'hui, où mène cette science-là. La vérité, en fin de compte, n'a jamais servi qu'à l'oppression. Trop d'espoirs, de déboires misérables et de paradis sanglants nous apprennent en tout cas à nous méfier d'elle.

Les lignes qui précèdent, comme d'ailleurs celles qui vont suivre, faisaient à l'origine partie d'un article que j'avais écrit à la demande du *Nouvel Observateur* pour l'anniversaire de la mort de Barthes, donc un peu avant les élections présidentielles du printemps 81. A cet endroit de mon texte figurait une plaisanterie, aujourd'hui hors de saison et légèrement amère, que je reproduis cependant : « Je voterai pour le candidat du P.S., car au moins il n'a pas de programme. »

Malheureusement, nous avons vu ensuite le candidat en question, devenu notre monarque, prendre au contraire très au sérieux des promesses où beaucoup de ses amis, jusque-là, ne discernaient que de vagues spéculations à usage électoral, des idées abstraites d'opposant, qu'il faudrait bien réviser de fond en comble au moment de leur éventuelle mise en pratique. Il n'en a rien été. Des nationalisations intempestives, inutilement ruineuses, jusqu'à la réduction autoritaire et uniforme, contestée par les syndicats eux-mêmes, du temps de travail hebdomadaire, la victoire de la gauche a entraîné aussitôt un flot de mesures aveugles, prises au mépris de la conjoncture (ainsi que des conseillers les plus avertis) et uniquement justifiées, nous déclarait-on, par le fait qu'elles étaient « inscrites au programme ».

Certes ont dû peser lourd, dans toutes ces décisions de principe, sans aucun effet bénéfique sur les affaires de l'Etat ni sur la vie des gens, les gages qu'il fallait bien donner à l'allié communiste, dont la moindre des tares n'est évidemment pas que lui — lui au moins — croit à la vérité, c'est-à-dire à la valeur absolue et définitive de ce qui a été jugé bon, une fois pour toutes, il y a soixante ans et plus. En tout cas nous avons pu mesurer à cette occasion, une fois encore, ce qu'un programme peut avoir de pernicieux, dès lors qu'on s'estime soumis à sa dictature.

Et même si les problèmes de la liberté humaine ne se posent pas exactement de la même manière dans l'exercice du gouvernement et dans celui, sans lois, de la littérature, que l'on assure en outre privé de sanctions, il y aurait peut-être cependant un art commun à ces deux pouvoirs si disparates : savoir se contredire en vue d'un dépassement. Quant à moi, je ne serai jamais de ceux qui reprochent à notre président d'avoir, quelques mois plus tard, changé de cap, pour ainsi dire lof pour lof, au beau milieu de la tempête qu'il avait déchaînée. Je veux voir au contraire, dans une manœuvre si osée, l'espérance que tout n'est pas encore ossifié au sein de ce socialisme naissant, héritier trop respectueux de traditions trop vieilles. On raconte que, le jour de son accident fatal, Roland Barthes avait déjeuné avec François Mitterrand. Plaise au ciel qu'il l'ait en s'en allant persuadé des vertus radicales du décrochement, de la remise en cause et des altérations permanentes.

Car les glissements de cette anguille (c'est à nouveau de Barthes que je parle) ne sont pas le simple fruit du hasard, ni provoqués par quelque faiblesse de jugement ou de caractère. La parole qui change, bifurque, se retourne, c'est au contraire sa leçon. Notre dernier « vrai » penseur aura donc été le précédent : Jean-Paul Sartre. Il avait encore, lui, le désir d'enfermer le monde dans un système totalisant (totalitaire?) digne de Spinoza et de Hegel. Mais Sartre en même temps était habité déjà par l'idée moderne de liberté, et c'est elle qui a miné, dieu merci, toutes ses entreprises. Aussi ses grandes constructions — romanesques, critiques, ou de pure philosophie — sont-elles demeurées l'une après l'autre inachevées, ouvertes à tous les vents.

Du point de vue de son projet, l'œuvre de Sartre est un échec. Cependant c'est cet échec qui, aujourd'hui, nous intéresse et nous émeut. Voulant être le dernier philosophe, le dernier penseur de la totalité, il aura été en fin de compte l'avant-garde des nouvelles structures de pensée : l'incertitude, la mouvance, le dérapage. Et l'on voit clairement désormais que ce mot de « passion inutile » qui terminait *L'être et le néant* n'était pas si loin du « mettons que je n'ai rien dit » de Jean Paulhan, qui paraissait aux antipodes.

Barthes arrive, en 1950, dans ce paysage que l'on perçoit déjà comme une pensée en ruines. Et, curieusement, il va d'abord accrocher son propos à l'œuvre rassurante de Marx. Dans une querelle avec Albert Camus au sujet de *La peste,* il clouait le bec du moraliste humanisant avec un souverain « matérialisme historique », comme s'il s'agissait là d'une valeur à toute épreuve. Mais bientôt, progressivement, il se retirait du marxisme, sans fracas, sur la pointe des pieds comme toujours.

De nouveaux grands systèmes de pensée le tentaient : la psychanalyse, la linguistique, la sémiologie. A peine collée, il prenait sa nouvelle étiquette de sémiologue en horreur. Se moquant ouvertement de « nos trois gendarmes : Marx, Freud et Saussure », il finissait par dénoncer l'insupportable impérialisme de tout système fort, dans son célèbre apologue de la bassine à friture : une pensée « véridique » à la cohérence trop forte, c'est comme de l'huile bouillante ; vous pouvez y plonger n'importe quoi, il en ressortira toujours une frite.

Si l'œuvre de Barthes, elle, n'est cependant pas reniement, c'est que ce mouvement sans cesse recommencé, de soi-même hors de soi, ce mouvement constitutif de la liberté (qui ne saurait jamais devenir une institution, puisqu'elle n'existe que dans l'instant de sa propre naissance), c'est précisément ce qu'il poursuivait depuis ses débuts avec la plus grande passion, de Brecht jusqu'à Bataille, de Racine et Proust jusqu'au Nouveau Roman, depuis les retournements de la dialectique jusqu'à l'analyse des modes vestimentaires. Et, comme Sartre avant lui, Barthes découvre très tôt que le roman ou le théâtre — bien plus que l'essai — sont le lieu naturel où la liberté concrète peut jouer avec le plus de violence et d'efficacité. La fiction romanesque, c'est déjà comme le devenir-monde de la philosophie. Roland Barthes, à son tour, était-il un romancier ? Cette question aussitôt en appelle une autre : qu'est-ce qu'un roman aujourd'hui ?

Paradoxalement, prenant dans les années 50 mes propres romans comme des machines infernales lui permettant d'exercer la terreur, il va s'efforcer de réduire leurs déplacements sournois, leurs fantômes en filigrane, leur auto-gommage, leurs béances, à un univers chosiste qui n'affirmerait au contraire que sa solidité, objective et littérale. Bien sûr, cet aspect-là se trouvait bel et bien présent dans les livres (et dans mes propos théoriques), mais comme l'un des deux pôles irréconciliables d'une contradiction. Barthes prend le parti de ne pas regarder du tout les monstres cachés dans les ombres du tableau hyper-réaliste. Et quand revenants et fantasmes, dans *L'année dernière à Marienbad*, envahissent de façon trop visible l'écran, il décroche.

Je pense qu'il était aux prises lui-même avec de semblables contradictions. Dans *Les gommes* ou *Le voyeur*, il ne voulait voir ni le spectre d'*Œdipe-Roi* ni la hantise du crime sexuel, parce que, luttant contre ses propres fantômes, il n'avait besoin de mon écriture que comme entreprise de nettoyage. En bon terroriste, il avait choisi seulement l'une des arêtes du texte, la plus visiblement tranchante, pour m'utiliser en guise d'arme blanche. Mais le soir, sitôt descendu de la barricade, il rentrait chez lui pour se vautrer avec délices dans Zola, sa prose grasse et ses adjectifs en sauce... Quitte à reprocher ensuite son « adjectivité » à la neige de mon *Labyrinthe*. Enfin, dix ans plus tard, il raccrochait avec chaleur lors de la publication de *Projet pour une révolution à New York,* dont il louait la perfection de « modèle leibnizien », mais « mobile ».

Tout cela ne résout pas la grande question : quels romans aurait-il écrit lui-même ? Il en parlait de plus en plus, publiquement comme en privé. J'ignore s'il existe dans ses papiers quelques brouillons ou fragments. Je suis certain, en tout cas, que ça ne ressemblerait ni aux *Gommes* ni à *Projet.* Il disait ne pouvoir écrire que du « vrai roman », et il parlait de ses problèmes concernant le passé simple et les noms propres des personnages. Dans un dérapage encore un peu plus fort que les précédents, il semblait que le paysage littéraire, autour de lui, était redevenu celui de la fin du XIXe siècle... Après tout, pourquoi pas ? On ne doit pas définir *a priori* le sens de toute recherche. Et Barthes était assez subtil et retors pour transformer à nouveau ce prétendu vrai roman en quelque chose de neuf, de déroutant, de méconnaissable.

Henri de Corinthe, son souvenir du moins, m'apparaît (m'est toujours apparu ?) comme plus fuyant encore, plus insaisissable, et souvent même suspect, pour ne pas dire plus. Etait-il un imposteur, lui aussi, bien que d'un tout autre genre ? Beaucoup de ceux qui l'ont connu le pensent aujourd'hui, à plus forte raison ceux dont les informations et images sont puisées dans la seule presse à scandales. On doit admettre, en tout état de cause, que ses activités à Buenos Aires et en Uruguay à la fin de la seconde guerre mondiale, puis au cours de la décennie suivante, prêtent à de multiples interprétations. Commerce de marchandises inavouables, filles, drogue, armes légères (il a dû me servir plus ou moins consciemment de modèle pour Edouard Manneret, dans *La maison de rendez-vous,* qui emprunte en outre — à mes yeux — son aspect physique au portrait de Mallarmé assis à sa table de travail, par Manet), trafic de tableaux également, falsifiés ou non, haute ou basse politique, espionnage, toutes les suppositions sont permises, qui d'ailleurs ne s'excluent pas forcément. Et l'on peut d'autre part se demander pour quelles raisons cet officier supérieur, sur lequel ne semblaient pas peser de menaces particulières, avait quitté la France avec tant de hâte lors de l'entrée des troupes américaines à Paris.

Quand j'étais enfant, je croyais que Corinthe était d'abord, pour mon père, un camarade de tranchées. Leur amitié, inexplicable autrement, ne pouvait être née que dans la boue glorieuse de la Cote 108 et des Eparges. J'ai compris bien plus tard que c'était tout à fait impossible. Mon père avait vingt ans en 14 et Henri de Corinthe, beaucoup plus jeune que lui, n'était certainement pas en âge de participer à cette guerre-là, fût-ce comme engagé volontaire à la veille de l'armistice. La confusion tenace où je demeurais, sur ce point important, provenait sans aucun doute du côté légendaire qu'avait pris de façon précoce, dans mon imagination, ce conflit fabuleux, pourtant encore tout proche, qu'on appelait simplement « la Grande Guerre » comme pour la distinguer à l'avance de toutes les autres, plus anciennes ou à venir.

Ni les récits familiaux étrangements discrets (pour ne pas effrayer outre mesure nos jeunes esprits), ni les livres trop célèbres de quelques Roland Dorgelès, ni les lourds albums publiés par *l'Illustration* qui se trouvaient rue Gassendi, pieusement reliés en cuir fauve à fers dorés, où les innombrables photographies prises (plus ou moins) sur le vif s'entremêlaient sans aucune gêne de gravures héroïques dans le style réaliste, ni même la blessure à l'oreille interne dont papa souffrait toujours, ne parvenaient à tirer ces canons sur affûts, ces chevauchées, ces morts, ce sol éternellement boueux, ces barbelés, cette victoire, hors d'un passé déjà trop gigantesque et trop redoutable pour appartenir à un autre domaine qu'à celui de la mythologie. Henri de Corinthe ne s'élevait-il pas, lui-même, de toute sa haute taille au-dessus du commun, tel un personnage de légende ? Son histoire personnelle, pleine aussi de grandeur, de silences et d'inquiétante obscurité, trouvait aussitôt sa place naturelle dans un décor si adéquat qu'il paraissait planté pour lui.

C'est, en fait, un quart de siècle plus tard qu'il s'est illustré au combat, comme officier de cavalerie. Mais peut-être y avait-il en effet quelque chose d'anachronique dans cette charge inutile et meurtrière à la tête de ses dragons, en juin 1940, face aux blindés allemands. Aussi ne puis-je me représenter l'escadron sacrifié que sous l'apparence d'une gravure démodée, couleur sépia, vite jaunie, découpée dans *l'Illustration*. Le lieutenant-colonel de Corinthe (qui d'ailleurs n'était que commandant lors de l'attaque allemande) s'y dresse sur son cheval blanc lancé au galop, sabre au clair au milieu des oriflammes ; bizarrement, il tourne la tête vers l'arrière, sans doute pour galvaniser du regard ses cavaliers, dont les uniformes chamarrés et les casques rutilants à crinière flottante rappellent davantage quelque parade de la garde républicaine.

Mais, en tout premier plan, à l'extrême gauche du

72

tableau, presque sous les sabots des chevaux les plus rapprochés dont l'un s'apprête même à lui passer sur le corps, il y a déjà un blessé, ou plutôt — c'est à craindre — un mourant. A demi-couché, l'homme tente de se relever sur un coude tandis que son autre bras — le droit — se tend vers l'avant, c'est-à-dire à la fois en direction de son chef et vers les fumées toutes proches des canons ennemis. Il n'a plus de sabre dans sa main grande ouverte et sa bouche distendue doit laisser échapper quelque hurlement de souffrance, plus qu'un cri de guerre. Pourtant, ces lèvres qui s'ouvrent sous la fine moustache noire à pointes redressées, ce grand geste du bras, les traits mêmes du soldat qui se traîne dans l'herbe fleurie de juin et jusqu'à l'expression de ses yeux, tous ces détails sont exactement identiques à ceux que l'on admire au centre de la composition, chez le bel officier resplendissant sur sa monture blanche aux naseaux dilatés. Et, par moment, il me semble que le regard de celui-ci s'est abaissé vers le dragon tombé à terre, comme pour dire adieu à son compagnon mortellement atteint, à son double, à sa propre vie.

Que le même Corinthe ait pu, quelques années plus tard, se retrouver dans le rôle d'un traître, puis — lors de circonstances à vrai dire confuses — dans celui d'un assassin, n'a cependant pas de quoi nous surprendre d'une manière excessive. Un assassin ou un traître ne manquent pas nécessairement de courage. Plus troublante, certes, est l'hypothèse selon laquelle ses prouesses militaires seraient gravement truquées et, plus précisément, auraient été empruntées à un camarade d'école dont le monde a perdu la trace dans la tourmente. On raconte aussi quelque chose de semblable à propos de ses hauts faits de résistant, d'autant plus difficilement contrôlables qu'ils se situent à une époque et dans une région particulièrement troubles, dont les rares survivants ne parlent guère plus volontiers aujourd'hui qu'ils ne le faisaient au moment de la libération du territoire, épisode à propos duquel ils montrent d'ailleurs aussi les plus grandes réticences. Mais, si le comte Henri a, comme certains l'assurent, usurpé alors les mérites et la gloire d'un vrai héros, son cas serait ici rendu plus odieux encore du fait qu'il n'aurait pas été, cette fois, étranger à sa disparition.

C'est ce Corinthe-là, semble-t-il, qui m'aurait inspiré le protagoniste à double face — Boris Varissa *versus* Jean Robin — du film *L'homme qui ment,* pour lequel j'ai donné souvent trois sources plus littéraires : le personnage traditionnel de don Juan, le tsar usurpateur Boris Godounov selon Pouchkine et Moussorgski, K. le faux arpenteur qui tente d'investir le château dans le roman de Kafka.

Don Juan, c'est celui qui a choisi sa propre parole, aventureuse, changeante et contradictoire, comme unique fondement de sa vérité, sa vérité à lui — humaine — qui ne peut exister que dans l'instant, contre la Vérité de Dieu qui est par définition éternelle. L'instant, c'est la liberté. Don Juan le sait, de tout son corps. Et la société condamne en lui, précisément, le libertin. Il aime les jeunes femmes parce qu'elles l'écoutent, donnant ainsi leur poids de chair à son discours ; c'est d'elles, en fin de compte, qu'il tient sa fragile réalité. Il tue le père comme on tue le roi, c'est-à-dire la loi idéologique qui se prétend loi divine. Un père qui l'écouterait cesserait aussitôt d'être le père. « Il n'y a pas de bon père », écrivait Jean-Paul Sartre qui, par haine de soi-même et de toute sa race, confondait de façon délibérée mais abusive le papa, providence du foyer, avec le pape, gardien du dogme.

Boris Godounov, c'est le faux-père meurtrier. Il a fait périr le tsarevitch Dimitri, dernier fils d'Ivan le Terrible, qu'il devait protéger, afin de devenir tsar à sa place. Il règne donc, en monarque absolu. Mais il sera poursuivi toute sa vie par un justicier doublement incarné, dont la simple présence l'entraîne peu à peu vers la folie et la mort : d'abord le fantôme de l'enfant assassiné qui *revient,* pour demander réparation du crime (on ne peut jamais abolir définitivement la vérité de Dieu, qui est celle de la société, sans quoi il n'y aurait pas de liberté possible), et bientôt, d'autre part, la silhouette plus massive d'un nouvel imposteur, le moine Grigori, qui se fait passer aux yeux du bon peuple crédule pour le dernier fils d'Ivan, sorti miraculeusement de sa tombe. Ce faux Dimitri lève ainsi en Pologne — après avoir gagné les faveurs de la princesse locale — une armée de mécontents, ou d'ambitieux, bientôt rejoints par tous les misérables de l'empire. Le dernier mot de Boris, expirant dans un accès de délire, sera : « Je suis... encore... le tsar ! » C'est aussi le cri ultime d'un autre empereur dément, le Caligula d'Albert Camus, tombant sous les couteaux des conjurés : « Je suis encore vivant ! » C'est ce que hurlait sans doute à son tour le dragon blessé, sur la gravure, avant de disparaître dans la boue de Reichenfels sous les pieds des chevaux fous de ses cent vingt compagnons d'arme.

Les relations de K. avec la loi sont, on le sait, plus

complexes : il feint d'être plus naïf et, pour ainsi dire, innocent, tandis qu'il est seulement plus retors. Il fait d'abord semblant d'avoir été appelé (comme arpenteur, pourquoi pas), alors que personne ne lui demandait rien, de toute évidence. Ensuite il s'étonne qu'on ne l'accueille pas avec plus d'égards. Il se plaint, il discute, il négocie. Comme son frère Joseph dans *Le procès,* il séduit volontiers les jeunes femmes qui se trouvent sur son chemin, dont il escompte ainsi se faire des alliées. Il s'accroche, il campe, il réclame, il s'entête. Il ne se laisse impressionner par aucune rebuffade. Il s'insinue peu à peu dans toutes les voies secondaires qui peuvent le mener vers son but, s'approchant toujours plus près de la porte interdite, dont il sait très bien qu'elle est infranchissable, sinon par un mort (dont la liberté a d'un seul coup disparu). Il se pose sans cesse en victime, quand c'est lui-même qui persécute le « château ».

Ses stratagèmes sont guidés par une sorte de connaissance intuitive, qu'il possède, de tout ce qui touche à la loi. Il ne faut pas s'en étonner : la loi ne se dresse pas en face de lui-même. Il est la loi, en même temps qu'il est le criminel. Sa parole, antinomique, têtue, déraisonnable sous ses apparences raisonneuses, mais sans laquelle il ne serait rien, c'est le texte même du livre. Si *L'homme qui ment,* en dépit d'une critique plutôt louangeuse bien que visiblement embarrassée, a été boudé par le public, c'est sans aucun doute parce que le projet avoué du film était de construire, cette fois-ci, des structures narratives — avec des images et avec des sons — basées sur le dédoublement généralisé de tout signe en sa figure inversée, à l'instar de ce qui se passe déjà au niveau des « caractères » pour l'acteur central :

Boris/Robin. Il s'agit donc ici d'une histoire qui sans repos se dérobe.

C'est en effet maintenant la texture intime du film qui est le lieu de toutes ces luttes précédemment décrites. Chaque élément du récit — chaque décor, chaque scène, chaque phrase du dialogue, chaque objet — s'y trouve comme miné par une déchirure interne, et par le soupçon bientôt qu'il ne peut que reparaître ailleurs, retourné, dans les deux sens du terme : revenu et mis à l'envers. Toute l'histoire ne progresse ainsi que par annulation de chaque chose en son contraire. Cependant Boris Varissa suit le parcours rituel : il parle, il se reprend, il parle encore, il imagine, il s'invente, il s'introduit peu à peu grâce à ses discours dans le monde hostile du château, investit le lit des filles l'une après l'autre, s'attaque à la mémoire du résistant disparu, cherche à s'approprier la vénération dont cet autre est l'objet, et bien entendu finit par tuer le père, croyant s'installer en maître à sa place, définitivement. Mais il a compté sans son propre double, qui lui colle à la peau, cet autre justement auquel il aurait voulu se substituer, le prétendu compagnon de luttes, le *vrai* héros, « vrai » puisque son nom à lui est inscrit, au cœur du village, sur le monument aux morts de la Résistance : Jean Robin. Boris est chassé, comme un paria ou comme un fantôme, vers la forêt d'où il était sorti tout au début (l'*Urwald* ?), tandis que Jean revient, sans un mot, sûr de soi comme la justice elle-même. Et c'est Jean, le bon fils ressuscité, celui dont la liberté s'est abolie au profit du droit, qui remplacera le père mort et régnera sur le gynécée rentré dans l'ordre.

Le conflit traditionnel qui oppose sans rémission au toujours mauvais père le fatalement mauvais fils — et cela dès son plus jeune âge — serait, dit-on, à l'origine de toute révolte postérieure contre la loi. J'ai affirmé déjà, cependant, n'avoir jamais éprouvé de pulsions meurtrières, ou seulement une quelconque rivalité, envers celui qui m'a engendré, qui m'a nourri, et dont je porte le nom. Jamais *consciemment,* me répondront sans hésiter les gardiens de l'ordre psychanalytique. Va donc pour « consciemment » ! J'ai même éprouvé consciemment tout le contraire. Bien sûr, la dénégation a été récusée d'avance par nos docteurs. Mais le refus de la dénégation est précisément la tare originelle de tous les systèmes clos, qui ne tolèrent ni manque, ni écart, ni discordance.

Je crois avoir choisi moi-même le métier de biologiste et d'agronome. Toutefois, comme je n'étais pas un enfant contestataire, mon père pouvait très bien à cette époque, sous le couvert de la parfaite entente familiale, choisir à mon insu pour moi. Il n'en allait certes pas de même, en tout cas, pour le métier d'écrivain. Quand, sur une décision subite et difficile à justifier, j'ai quitté l'Institut national de la statistique et des études économiques (où je participais depuis trois ans, avec six autres ingénieurs issus des principales grandes écoles, à la rédaction ainsi qu'au prestige de la revue fondée par Alfred Sauvy, *Etudes et conjoncture*) pour me lancer dans la composition d'un roman (*Un régicide*) dont je n'avais pas encore écrit un seul mot, j'aurais dû, normalement, encourir divers reproches paternels. Il n'en a rien été : la brusque interruption d'une carrière qui commençait si bien n'a soulevé, venant de mes parents, ni obstacle ni remontrance, alors que j'habitais toujours le très modeste foyer familial. Et, bien que ce premier roman ait été refusé par Gallimard (sentence qui pouvait constituer, en ce temps-là, un test négatif crédible), lorsque, à peine quelques années plus tard, je récidive, abandonnant l'Institut des fruits et agrumes coloniaux pour me consacrer entièrement à la rédaction des *Gommes,* tout se passe à nouveau très bien : on me laisse libre, sans la moindre réserve, sans le moindre mouvement d'humeur.

Pourtant, on aurait été en droit de regretter, ne fût-ce qu'à mi-voix, les longues et coûteuses études scientifiques que l'on m'avait permis de mener à bien. Il n'en a pas été question une minute. Papa s'est au contraire ingénié à me faciliter les choses autant qu'il était en son pouvoir, intervenant auprès du propriétaire pour que je puisse occuper à peu de frais une minuscule chambre indépendante sous les toits, rue Gassendi, trop exiguë pour y mettre une table, même petite, mais où j'ai pu écrire sur mes genoux dans une solitude de pigeonnier trois romans successifs, et dans laquelle j'ai vécu jusqu'à mon mariage, en octobre 1957. Papa m'offrait en outre de continuer à me nourrir, trois étages plus bas, contre le versement d'une pension insignifiante.

L'écriture ne représentait cependant à ses yeux ni un espoir raisonnable de réussite sociale, ni même quelque état reclus mais entouré d'une considération compensatoire, encore moins une façon possible de gagner sa vie. Il en allait peut-être un peu différemment pour ma mère, qui avait dans sa jeunesse été attirée par les belles-lettres et s'était essayée au conte et à la poésie. Pour mon père, non. Et ma décision lui a probablement causé du souci, mais, puisque la littérature était mon choix, même tardif, il trouvait à présent sa propre justification — et malgré tout son plaisir — à tout faire pour que je puisse m'y adonner librement.

Une explication presque acceptable me traverse l'esprit : c'était un *bon* père, parce qu'il était *fou*. Maman a toujours prétendu, avec sérieux, que papa avait quelque chose d'un peu dérangé dans la tête, et même sans doute des troubles mentaux caractérisés. Elle disait que, si j'étais intelligent, ça me venait d'elle, mais que, si j'avais du génie (et elle le croyait, bien entendu), ça ne pouvait venir que de papa, dont par chance la folie prenait chez moi ce tour heureux. Pour les mêmes raisons, elle m'a toujours conseillé de ne pas avoir d'enfant (j'ai suivi son conseil, peu enclin d'ailleurs à m'intéresser aux bébés, ni aux petits garçons ; quant aux petites filles...). Elle pensait que papa devait sa nervosité anormale à sa condition d'enfant de vieux, et qu'il m'avait transmis des chromosomes délabrés. La lecture du *Voyeur* est bientôt venue renforcer ses craintes quant à ma santé psychique et sexuelle. C'est un beau livre, m'a-t-elle déclaré quand je lui eus confié le manuscrit, mais « j'aurais préféré qu'il n'ait pas été écrit par mon fils ». En somme, on pouvait se réjouir de la transmutation, chez moi, d'un imaginaire malade en facultés créatrices ; toutefois, il valait mieux en rester là : la génération suivante risquait trop, à son avis, de produire, non plus des bizarreries, mais des monstruosités. Maman disait tout cela avec une tranquille assurance, comme elle faisait toujours pour ses opinions, à la fois tranchées et peu orthodoxes.

Elle avait une voix grave, bien timbrée, d'autant plus puissante qu'elle parlait souvent avec passion. Son ton était alors profondément convaincu : la fermeté sans réplique de quelqu'un qui sait. D'ailleurs elle devait en effet « savoir » des choses, en partie sous l'influence de sa *raison,* mais aussi à cause d'une sensibilité, peut-être très bretonne, aux *signes* du destin. Elle nous avait par exemple annoncé, plusieurs dizaines d'années à l'avance, la date exacte de sa mort, qui se trouvait gravée avec ses initiales — par une main inconnue — sur le socle en bois de la machine à coudre achetée d'occasion aux stocks américains, peu après son mariage. Et maintenant, quelquefois, à intervalles irréguliers, j'entends à nouveau sa voix. C'est plutôt le soir, avant de me coucher, ou avant de m'endormir. Mais ça peut aussi survenir brusquement à n'importe quelle heure de la journée. Cela dure en général quelques dizaines de secondes. Les phrases sont nettes, très présentes, toutes proches et parfaitement articulées. Pourtant, je ne saisis pas ce qu'elle dit. J'entends seulement le ton de sa voix, les sonorités, les inflexions, le chant pour ainsi dire.

Une image des années 20, à Kerangoff, sous un grand soleil de plein été... Est-ce une histoire qu'on m'a racontée, assez longtemps plus tard ? Je vois en tout cas la scène avec précision, comme si j'en avais été le témoin direct. Mais à quel âge ? Papa, en vacances, est allongé de tout son long, sur le dos, dans une petite allée du jardin potager, juste sous une haie de groseilliers à maquereaux dont il essaie d'attraper les fruits mûrs avec la bouche, vers l'extrémité des rameaux chargés et flexibles qui retombent presque jusqu'au sol. De temps à autre, il renonce et se met à pousser à pleine gorge des beuglements effrayants d'animal blessé. Est-ce à cause des longues épines qui lui rendent la tache impossible, ou bien seulement sous l'effet d'un soudain désespoir ? Grand-mère Canu, scandalisée, demande à sa fille de faire cesser ce vacarme incongru, qui va ameuter les voisins, tout proches, et ruiner notre réputation à plusieurs lieues à la ronde. Sans prendre les choses au tragique, ma mère répond qu'avec un tel mari il faut bien qu'elle s'accommode de certains excès ou comportements étranges. Et elle ajoute : « Je voudrais bien te voir à ma place ! — Ma pauvre fille, s'exclame grand-mère avec dignité, de toute façon je ne me serais pas trompée à ce point-là ! »

D'autres fois, à dire vrai, nous assistions à des crises plus inquiétantes, quoique brèves. Papa, au front, était sapeur du génie et avait surtout fait ce qu'on appelait la guerre de mines, qui devait être une chose particulièrement horrible et dont le souvenir le poursuivait toujours, dix ans plus tard. On creusait des galeries souterraines, grossièrement étayées, à travers le no man's land au-delà des premières lignes ; puis en rampant, à cinq ou six mètres de profondeur, le long de boyaux encore plus étroits, on allait poser des mines sous les tranchées adverses. Mais l'ennemi creusait à son tour sous nos galeries, et ainsi de suite, en s'enfonçant toujours de plus en plus, si bien qu'on ne savait jamais lequel des deux allait le premier faire sauter l'autre. Papa racontait quelquefois — brièvement — cette vie d'enterrés vivants et le bruit sourd des pioches allemandes, qui battait dans la masse du sol comme s'il provenait de tous les côtés à la fois, accélérant, s'arrêtant soudain, reprenant plus fort, perdant son rythme, ainsi que ferait un cœur anxieux prêt à se rompre, mais dont il fallait cependant — question de vie ou de mort — évaluer la direction exacte et la distance, afin de modifier en conséquence son propre travail. Le sergent-chef Robbe-Grillet avait sauté a plusieurs reprises, d'où ses blessures répétées...

Au cours de ma première enfance, il arrivait assez souvent que papa se réveille au milieu de la nuit, dans un cauchemar. Il se dressait d'un seul coup comme un spectre, dans sa chemise de coton qui flottait autour de lui, sautait hors des draps rejetés en désordre et courait à travers le petit appartement d'un air hagard, en hurlant : « Eteignez les calbombes ! » Maman, assise encore dans son fauteuil à la table de la salle à manger, reposait calmement son journal, ramenait papa vers son lit et bientôt jusqu'à son sommeil en lui parlant avec douceur, comme à un enfant qui a la fièvre et qui délire (« Siehst du, Vater, den Erlkönig nicht ? »); puis elle venait tranquilliser à leur tour, tant bien que mal, les petits apeurés. Les calbombes, ça devait être des lampes de mineur, qu'il fallait éteindre sans perdre un instant avant l'explosion imminente, je ne sais pas pourquoi... Ou bien, c'était au contraire « Allumez les calbombes ! » qu'il criait ? Je ne me souviens plus.

Mon père admettait volontiers lui-même qu'il n'était pas vraiment normal. Ça ne le dérangeait en aucune façon. Il disait, avec un demi-sourire : « J'ai l'impression d'avoir des marchandises mal arrimées dans le crâne... » Il en donnait, lui, comme explication, non pas l'âge avancé de ses parents à sa naissance, mais la guerre elle-même et les blessures à la tête qu'il en avait rapportées. Pendant de longues années, il a plaidé contre les ministères compétents, renvoyé de tribunaux en expertises, afin de se faire reconnaître « fou » officiellement. En plus de ses maigres annuités d'ancien combattant, blessé de la face, médaillé militaire avec pension, etc., il réclamait avec force une indemnité supplémentaire, qui aurait été beaucoup plus importante, pour folie permanente consécutive aux traumatismes crâniens reçus au front : choc des explosions, éclats d'obus et autres. Cependant les experts ne se sont pas laissés convaincre, et les magistrats l'ont toujours débouté de ses plaintes : il était peut-être détraqué mais les combats ne pouvaient en être tenus pour responsables !

Ses marchandises mal arrimées me rappellent une autre formule qui avait cours chez nous pour signifier un certain type d'angoisse, ou de malaise mental profond : « j'ai des raies dans la tête », « cette histoire me donne des raies dans la tête »... L'expression provenait d'un conte de Kipling, *Le perturbateur de trafic,* dans lequel un gardien devient fou tout en haut de son phare, perdu au milieu des eaux dangereuses entre les îles de la Sonde. Il voit sans cesse des raies qui défilent à la surface de la mer, au-dessous de lui, des raies d'écume qui se forment parmi les remous et s'étirent ensuite sans fin, parallèlement à elles-mêmes, dans le sens du courant. Il accuse les navires empruntant le détroit d'être à l'origine de ce phénomène insupportable, de rayer en quelque sorte son territoire personnel, et aussi le plancher de son habitacle, et tout l'intérieur de son cerveau. Il se met en réponse à émettre des signaux falsifiés, afin de détourner le trafic vers d'autres couloirs et empêcher ainsi les bateaux de continuer à troubler la passe difficile sur quoi il veille, à laquelle il s'identifie...

Les petites lignes d'écume blanchâtre qui dessinent

sur l'eau mouvante, au calme trompeur, des systèmes plus ou moins ordonnés de courbes parallèles, dont l'ensemble glisse de façon presque imperceptible mais continue, toujours dans le même sens, interminablement, j'ai passé des heures à les contempler dans mon enfance, entre les rochers de Brignogan, sur cette côte de granit et de tempêtes où le père de ma grand-mère, que je n'ai pas connu mais qu'on appelait à la maison grand-père Perrier, avait été autrefois brigadier des douanes. Quand nous étions tout petits, on nous y emmenait de temps à autre, ma sœur et moi, par le chemin de fer en miniature qu'on prenait à Brest et qui avait l'air d'un jouet, pour passer quelques jours dans une maisonnette en pierre d'autrefois, aux murs très épais, aux ouvertures étroites, sans aucun confort, située en bordure de grève sur le chemin de ronde des douaniers, dont ne la séparait qu'un carré de jardin battu à marée haute par les embruns de mer. C'était « la maison de Perrine », si du moins je ne confonds pas tout, une ancienne amie des deux enfants du brigadier — grand-mère Canu et Marraine — qui avaient passé toute leur jeunesse dans le village avec les petites paysannes et les filles des marins-pêcheurs, parlant surtout breton, allant le soir à la veillée chez l'un ou chez l'autre pour y lire la vie des Saints, puis écouter les traditionnelles histoires de naufrages, de revenants et d'âmes en détresse, dont elles retrouvaient ensuite les gémissements dans la nuit sans étoiles, en rentrant chez elles en sabots par les sentiers sableux détrempés de pluie, où les frôlait, mêlée aux rafales du vent d'ouest, la horde déchaînée des présences fantômes.

Les petites lignes d'écume blanchâtre, les mouvements sournois de la mer entre les blocs géants de granit rose amoncelés, les entonnoirs creusés dans le sable au pied des roches par d'incessants remous presque invisibles, les plages trompeuses et les vaguelettes à la régularité faussement rassurante, tout cet univers aquatique aussi attirant que redoutable, c'était l'aliment favori de mes mauvais rêves. On les retrouve dans plusieurs des *Instantanés*, comme aussi déjà dans les troubles nocturnes par quoi débute *Un régicide*. Mais, avec ce livre-là, une plus longue nouvelle de Kipling présente des ressemblances dont je ne me suis aperçu que récemment, bien qu'elles ne doivent pas être fortuites. Cela s'appelle *La plus belle histoire du monde*. Un jeune employé de bureau y est perturbé par des visions répétées, insistantes, d'une précision et d'une présence singulières, qui paraissent se rapporter à une autre existence qu'il aurait vécue antérieurement, plusieurs centaines d'années plus tôt, mille ou deux mille ans peut-être, comme rameur sur une galère. Les ordres rauques du chef de chiourme, le claquement du fouet, le mouvement cadencé des rames, les chants nostalgiques de ses compagnons de vogue, et, surtout, la vague énorme qui, gonflée en surplomb par dessus le plat-bord, comme immobilisée, juste avant le naufrage, va déferler sur les hommes enchaînés à leurs bancs, toutes ces images lui reviennent par bouffées, de plus en plus matérielles et dramatiques, jusqu'au jour de son mariage où tout cesse brutalement, sans laisser de trace... Sisyphe, dit Kafka, était célibataire.

Grand-père Perrier, Marcelin, Benoît, Marie, avait

sans doute pour mission de surveiller un petit secteur de la zone côtière, mais contre qui ? Risquait-on quelques débarquements clandestins de marchandises — tabac, alcool, pièces d'étoffe — venues d'Angleterre en contre-bande ? J'ai plutôt entendu parler de naufrageurs, qui allumaient des feux d'ajoncs sur la falaise pour tromper les navires étrangers afin qu'ils viennent s'éventrer contre les récifs, livrant au pillage leur cargaison répandue et les débris de leur coque fracassée. Encore ces récits sem-blaient-ils appartenir pour la plupart aux époques plus anciennes, ou à la légende. En revanche, les naufrages naturels étaient fréquents dans ces parages, par gros temps, et les douanes devaient assurer l'adjudication des épaves rejetées à la côte. Il y avait ainsi, à Kerangoff, une chambre à coucher en acajou massif qui venait de Marcelin Perrier, fabriquée pour le mariage de sa fille Mathilde (ma grand-mère) avec des billes de bois pré-cieux déposées par la mer sur les grèves de son territoire.

Tous les hommes de cette famille passaient un certain temps dans la marine de guerre, puis ils étaient douaniers jusqu'à la retraite. J'ai retrouvé dans le grenier (c'est grand-père Perrier qui avait fait construire notre grande maison en torchis) les états de service des trois dernières générations, rédigés au printemps de 1862 par François Perrier, mon trisaïeul. Parce que cette feuille jaunie m'a toujours ému, dans son laconisme, je la recopie ici telle quelle, en ajoutant seulement quelques signes de ponc-tuation pour remplacer des espacements et alinéas. Si je pense que le texte (sinon la feuille elle-même, qui paraît avoir été recopiée un peu plus tard par une autre main) en a été écrit par François, père de Marcelin, c'est à cause des plus nombreuses précisions de la notice qui le concerne, et, surtout, du « *notre* départ de Brest » dont la première personne a dû échapper à son visible souci de neutralité objective.

« Perrier Benoît, dit Va-de-bon-cœur. Régiment Aquitaine, dix-sept ans. Guerre de 1778. Quatre ans dans l'Inde sous les ordres du Bailly de Suffren. Congédié à Vannes, dépôt du régiment, en 1784. Service administratif de douane, vingt-six ans. Décédé le 20 novembre 1832.

« Perrier François Jean Marie, fils cadet de Benoît. Cinq ans six mois de service à l'Etat, compris marine et militaire. Début de son service à bord de la canonnière la 21e convoyeuse dans la Manche, Commandant Bozec, le 11 janvier 1811. Débarqué en mai la même année. Conduit au quartier de Brest, pour y être exercé jusqu'au 17 août même année, jour de notre départ de Brest avec un noyau de bataillon sous le numéro 17e de flottille, Commandant Prateau. Parti de Boulogne avec ce même bataillon le 22 mars 1812, pour Dantzig en Prusse, et ensuite pour la campagne de Russie. Transféré au bataillon pontonnier en mars 1813 à Mayence, après la retraite de Russie, et continué la campagne de 1813 en Saxe et en Silésie. Fait prisonnier dans le débarqué de Leipzig, sous les murs de Targau en Bavière, et conduit à Berlin en Prusse en octobre de la même année. Déserté de prison en novembre, et rentré en France le 13 décembre de la dite année au fort de Kehl. Dirigé sur Brest avec une feuille de route du bureau de la marine de Strasbourg, et arrivé le 24 décembre de cette même année. En subsistance au 16e bataillon de flottille à Brest, Commandant Bijoux, du 14 janvier 1814 au mois d'octobre même année. Rappelé en mars 1815 pour la campagne de Vendée, dans une compagnie provisoire d'artillerie, Capitaine Conseille, à la suite du 12e de haut bord. Congédié en octobre 1815. Service administratif de douane, vingt-sept ans trois mois. Médaille de Sainte-Hélène.

« Marcelin Benoît Marie Perrier, fils aîné de François Jean Marie. Cinq ans cinq mois dans la marine de l'État à bord de la frégate à vapeur l'Asmodée. Congédié le 15 mai 1849 comme matelot timonier de 1re classe. Service administratif de douane, quinze ans jusqu'à ce moment (15 avril 1862). »

Marcelin avait épousé Marie-Yvonne Magueur, dont le frère était mort sous les drapeaux, à Toulon, et dont le père assurait le courrier postal en Finistère. Pour lui comme pour tous ces marins, soldats ou douaniers, le service de l'Etat représentait une sorte de mission sacrée, en même temps qu'un honneur. Un jour, il avait lancé sa voiture à travers une procession, trop lente à son gré. Couper une procession ! Dans ces premières années du dix-neuvième siècle, en Bretagne ! A l'homme d'église outré, qui brandissait sa croix pour conjurer le mal et arrêter le sacrilège, l'ancêtre Magueur avait, dit-on, crié avec majesté du haut de son siège : « Nom de Dieu, monsieur le curé, j'ai la Poste avec moi ! » Et l'on citait encore, dans la famille, cet acte de courage civique face à l'obscurantisme clérical et aux superstitions.

Henri de Corinthe chevauchant sa monture blanche, la tête haute et le buste très droit comme à son ordinaire, mais nettement déhanché sur sa selle du côté gauche, dans une posture qu'il adopte souvent après un long parcours dont il ressent la fatigue, sans vouloir cependant laisser son corps s'avachir, Henri de Corinthe, par une nuit calme de pleine lune, traverse la lande de bruyère rase qui borde une anse déserte, sur la côte très découpée du pays de Léon. Au moment où le sentier qu'il suit va rejoindre l'étroit chemin des douaniers, à proximité immédiate du rivage, son oreille habituée aux rumeurs marines distingue obscurément — venant du côté de l'eau et se mêlant au chuintement régulier produit par les petites vagues de la marée descendante — un bruit plus fort, cadencé lui aussi, qui claque de façon plus claire, plus ferme, plus détachée.

D'un très léger raidissement des rênes, il arrête son cheval, afin d'écouter avec plus d'attention. Cela ressemble au *floc floc* répété d'un battoir vigoureux sur du linge humide. Il y a bien un ruisseau qui rejoint la grève à cet endroit, mais qui donc laverait ainsi, au clair de lune, à l'écart de toute habitation ? Corinthe pense aussitôt à la vieille croyance paysanne relative aux « lavandières de nuit », jeunes femmes appartenant au monde des esprits et dont on ne peut guère attendre que du malheur, quelque chose comme les sorcières de *Macbeth*. Il se dit, avec un sourire, qu'elles vont peut-être lui révéler sa montée prochaine sur le trône d'Ecosse. (Les Corinthe possèdent de lointains ancêtres au pays de Galles et dans le Northumberland, dont le célèbre Lord Corynth qui lutta contre Cromwell.) Le comte Henri s'approche de la minuscule faille creusée par l'eau vive, dont il longe le cours jusqu'à la plage.

Juste avant d'y arriver, le lit s'élargit pour former une espèce de petit bassin. L'emplacement serait praticable pour le blanchissage, à l'extrême rigueur, et il y a là, en effet, posé de guingois au bord de la flaque miroitante, un de ces caissons en bois rudimentaires où les femmes de la campagne se mettent à genoux pour frapper leur linge au *doué*. Mais l'ustensile, usé par l'ouvrage, paraît abandonné ; et personne ne se montre aux alentours. D'ailleurs le bruit, bien qu'il soit de plus en plus net, semble venir de plus loin, comme si c'était de la mer elle-même. Tiens, remarque en son for intérieur l'intrépide cavalier, cette laveuse nocturne ne craint pas non plus l'eau salée pour sa lessive ! Et, plus intrigué que jamais, il pousse sa monture à travers la bande de sable découverte, jusqu'à la limite du flot.

Il n'y a pas âme qui vive, là non plus, ni devant lui, ni à droite, ni à gauche, tout au long de la courbe festonnée d'écume blanche qui scintille sous la clarté blafarde de la nuit. Le sol est assez résistant, dans cette partie de la baie, pour que les sabots du cheval ne risquent pas de s'y enfoncer dangereusement. Corinthe fait faire à la bête quelques pas en direction du large, dans l'eau peu profonde qui ne lui arrive encore qu'aux genoux. Le claquement bizarre est maintenant tout proche, et bientôt l'homme aperçoit, une vingtaine de mètres plus en avant, un objet plat qui flotte en dansant sur la crête des lames, soulevé à chacune d'elle puis retombant au creux de la suivante, d'une façon périodique, et qui se met soudain à briller d'un éclat extraordinaire.

Au bout de quelques pas encore — plus difficiles car le cheval se montre plus réticent — Corinthe comprend qu'il s'agit d'un miroir, qui surnage grâce à son cadre en bois épais, ovale dirait-on, et dont la glace, tournée vers le ciel, renvoie selon certaines inclinaisons de sa surface les rayons de la lune en direction du cavalier. Mais, lorsque celui-ci veut franchir les quelques mètres qui le séparent encore de l'épave, son fidèle cheval blanc refuse d'aller plus loin. Corinthe croit d'abord que c'est à cause des vagues, qui, devenues un peu plus fortes, lui arrivent par instant jusqu'au poitrail. Il attend donc quelques secondes, pour le laisser s'habituer, avant de lui imprimer un bref frôlement d'éperon.

Alors l'animal se cabre, comme pris de peur, et commence à donner de vifs coups d'encolure sur le côté, dans l'intention visible de faire demi-tour, tout en ouvrant les mâchoires démesurément pour essayer de se libérer du mors. Le cavalier veut vaincre cette résistance inhabituelle et incompréhensible. Il se pique au jeu avec d'autant plus de nervosité que l'objet convoité à présent s'éloigne, entraîné sans doute par la mer qui continue à descendre. Cependant le *floc floc* moqueur se poursuit, peut-être même avec une vigueur accrue et sur un rythme plus agressif, plus véhément, chaque fois que le miroir ovale — qui doit être très lourd — s'abat sur la nappe liquide.

Bien qu'il y ait peu de vent, on dirait que les lames ont pris subitement de l'ampleur et de la violence, beaucoup plus qu'il n'est normal au fond de cette anse assez abritée, à marée basse ou peu s'en faut. Le cheval est maintenant comme fou, son maître ne parvient plus à le contenir. Une vague encore plus haute ayant déferlé sur eux, la bête, en se dressant à la verticale, réussit à désarçonner le comte Henri. Et celui-ci rétabli sur ses pieds tant bien que mal dans l'eau glacée, voit avec désespoir sa monture aux naseaux dilatés, qui a aussitôt fait volte-face, galoper vers la terre ferme en hennissant longuement, la tête levée presque à la renverse, comme un loup qui hurlerait à la lune. Elle soulève sous ses sabots des gerbes d'écume, dont les panaches se mêlent aux flammèches de sa crinière blanche échevelée, sous un éclairage bleuâtre dont le rayonnement paraît tout à coup si intense qu'on croirait une lumière de cataclysme.

Cependant Corinthe, bien que démonté, s'acharne, tantôt nageant en dépit de ses solides vêtements gorgés d'eau, tantôt marchant quand il reprend pied entre deux lames, soulevé tout de suite à nouveau, ou bien submergé par un paquet de mer qui lui a fait perdre l'équilibre et lui coupe la respiration pendant plusieurs secondes, assommé, ballotté, entraîné toujours plus loin par l'épave fuyante. Mais, dans un dernier sursaut d'énergie, il gagne assez de terrain pour parvenir enfin — Dieu sait comment — à s'y accrocher. L'objet lui semble si pesant que Corinthe se demande par quel miracle il demeure en surface, au lieu de couler à pic. L'homme exténué craint de ne pouvoir jamais le ramener jusqu'au rivage, il a l'impression d'avoir tout le poids du monde à porter. L'encadrement ovale mesure plus d'un mètre de haut, et le bois sculpté en est massif comme le plat-bord d'un navire. Corinthe s'y cramponne de toutes ses forces. Contre le flot qui a l'air de tirer dans l'autre sens, il lutte désespérément, sans se rendre compte du temps que cela dure...

Au prix d'efforts démesurés, il finit pourtant par venir à bout de ce labeur absurde auquel il s'est senti contraint. Il traîne sa prise hors de l'eau et, tout à fait épuisé, se laisse tomber sur le sable, comme s'il voulait s'y endormir. Mais il tremble de froid, de fatigue et d'énervement. Ses muscles sont parcourus par des séries de crispations involontaires, douloureuses. Et tout son esprit s'est vidé.

Quand il rouvre les paupières, il aperçoit son cheval blanc penché sur lui, qui le regarde avec une expression humaine de tristesse, ou d'anxiété, ou de reproche. Le comte Henri se détourne, en se soulevant à demi sur un coude, et il porte les yeux vers le miroir qui gît à ses côtés, parmi les fragments de varech et de coquillages abandonnés par la mer en se retirant. L'énorme cadre sculpté paraît être fait en jacaranda, ou dans quelque acajou très sombre d'Amérique du Sud. La glace elle-même est ternie, sans doute par un trop long séjour dans l'eau salée ; des gouttelettes, qui commencent à sécher, en parsèment encore la surface. Mais dans les profondeurs troubles du verre très épais, dont les teintes glauques sont accentuées par la blême clarté lunaire, Henri de Corinthe voit distinctement — et presque sans surprise — se refléter le tendre visage blond de sa fiancée disparue, Marie-Ange, qui s'est noyée sur une plage de l'Atlantique, près de Montevideo, et dont on n'a jamais retrouvé le corps. Elle est là, dans la glace, qui le fixe de ses prunelles bleu pâle avec un indéfinissable sourire.

C'est peu de temps après — quelques minutes tout au plus — que Corinthe a dû perdre connaissance. Un douanier de Brignogan, qui faisait sa tournée matinale, s'est étonné de la présence solitaire du magnifique cheval blanc au milieu de la grève, un cheval de riche, avec sa selle fine en cuir noir et ses étriers de nickel qui étincelaient malgré le ciel gris, mais la bride pendant sur le cou. Il s'est donc approché et a tout de suite découvert le corps, gisant sur le sable juste à côté d'un grand miroir ovale en acajou sculpté, d'un rouge si foncé que par moment on l'eût dit en ébène.

Couché sur le dos, l'homme avait tout l'aspect d'un mort. Le flot de la marée montante, presque haute à cette heure-là, léchait ses bottes de cavalier. Mais ses vêtements, fort élégants sans doute quelques heures auparavant, étaient déjà si imbibés d'eau que le douanier a cru d'abord qu'il avait affaire à un noyé rejeté par la mer. Pourtant, la proximité familière du cheval, qui pouvait difficilement avoir fait naufrage sur quelque voilier de plaisance en compagnie de son maître (dont le costume concordait parfaitement avec le harnachement luxueux de la bête), rendait cette hypothèse peu vraisemblable.

A tout hasard, le brigadier consciencieux a néanmoins voulu pratiquer les mouvements d'usage, visant à exprimer l'eau des poumons, pour le cas où il se fût agi malgré tout d'une noyade, et s'il en était encore temps. Le seul résultat auquel il est ainsi parvenu, après plusieurs minutes d'efforts, a été de faire s'ouvrir les paupières closes du cadavre, qui s'est ensuite révélé être en fait bien vivant, mais si fortement commotionné par on ne sait quelle aventure que l'homme, qui ne bougeait toujours pas, demeurait également incapable de prononcer la moindre parole. Il n'avait même pas l'air de comprendre les questions pressantes du personnage en uniforme qui venait de faire irruption dans son rêve et qu'il dévisageait d'un œil hagard, comme s'il cherchait désespérément à reprendre pied sur terre.

Après s'être assuré qu'il n'y avait cependant rien de cassé dans cette charpente solide et bien bâtie, le douanier, qui était lui-même d'une force peu commune en dépit de sa plus petite taille, a réussi sans trop de mal à remettre debout le cavalier. Mais il n'était pas question de le hisser dans cet état sur sa monture. La meilleure solution semblait donc de soutenir le malade jusqu'à un modeste débit de boissons qui se trouvait dans le fond de l'anse suivante (au lieu dit Ker-an-Dû, où une petite route empierrée aboutit à quelques maisons de pêcheurs) pour y attendre un médecin, tandis que le cheval porterait le miroir, dont le brigadier ne doutait pas qu'il appartînt à l'inconnu.

Mais quand, avec précaution, il a fait mine de vouloir poser le lourd et fragile objet sur la selle, où il espérait l'arrimer tant bien que mal avec les rênes entrecroisées, la bête, comme prise d'une soudaine panique (alors qu'elle s'était jusque-là tenue très tranquille, bien qu'à une certaine distance), s'est cambrée sur ses pattes arrière en hennissant, puis, lourdement retombée, s'est mise à reculer tout en soufflant par les naseaux avec violence, les quatre membres écartés, la tête basse, dans une attitude si extraordinaire que le douanier en a lui-même été saisi de peur.

Le miroir étant trop pesant pour qu'il entreprenne de le porter jusqu'à l'auberge, il a donc dû se résigner à l'abandonner là, se contentant de le mettre à l'abri de la marée haute, tout en haut de la plage, où il pourrait le faire prendre plus tard par la charrette d'un goémonier. Ensuite, il est revenu vers Corinthe, qui avait contemplé toute la scène sans rien dire ni marquer la moindre réaction, toujours immobile à l'endroit où l'on venait de le laisser, se maintenant debout mais vacillant sur ses jambes raidies et visiblement hors d'état de faire un pas tout seul.

Cependant qu'il supportait de son mieux une part non

négligeable du poids de ce grand corps invalide, plus ou moins appuyé contre sa poitrine selon les aléas du parcours, avançant à petites enjambées le long de l'étroit sentier malcommode, le douanier réfléchissait maintenant à l'inexplicable présence du miroir sur cette grève. Il était en effet improbable que cet élégant cavalier — quelle que soit sa robustesse — se fût promené avec un fardeau aussi lourd et encombrant. Peut-être celui-ci était-il donc seulement une épave rejetée à la côte ; et, dans ce cas, c'est à l'Etat qu'il appartenait, non à l'inconnu qui l'avait découvert. A moins que celui-ci ne l'eût repêché en mer, à la nage, ce qui paraissait difficilement compatible avec son équipement : pourquoi aurait-il conservé, pour mener à bien une telle entreprise, un costume aussi peu adéquat ? Et même alors, d'ailleurs, ne serait-il en droit de revendiquer pour lui que le tiers de sa prise. Encore faudrait-il, pour qu'on le lui accorde, qu'aucun propriétaire ou héritier ne se manifeste dans les délais prescrits par la loi.

Restait enfin, toutefois, une possibilité encore plus troublante : que ces trois éléments — le cheval, le miroir et le cavalier — se soient trouvés rassemblés en ce même point précis du rivage par un pur hasard, c'est-à-dire sans qu'il existe le moindre lien entre eux, ni de causalité ni de possession. Tandis que les deux hommes enlacés progressent en titubant à travers la lande, sur le chemin de ronde par endroit fort incertain, suivis à trois mètres en arrière par le cheval pensif, le trop scrupuleux gardien de l'ordre se perd de plus en plus dans les complications conjuguées du droit maritime et des hypothèses problématiques...

La suite du récit devient, à partir de ce moment-là, beaucoup plus obscure. Il semble bien, en tout état de cause, qu'Henri de Corinthe ait atteint le hameau en nettement meilleure forme. Peut-être cette marche pénible au bras de son sauveteur avait-elle fini par le ranimer ? Sans doute même n'a-t-il pas voulu attendre la venue toujours aléatoire d'un docteur, le café arrosé d'alcool que l'aubergiste servait habituellement aux marins ayant suffi pour achever de vaincre son hébétude. Mais on raconte aussi qu'il avait fallu lui installer une chambre à l'auberge, où une très forte fièvre le terrassait au contraire dès son arrivée et que, durant plusieurs jours, on avait même craint pour sa raison.

Dans son délire, il prononçait des phrases sans suite, hachées, partiellement inaudibles, où il était sans cesse question d'une jeune femme morte, dont on croyait comprendre par moment qu'il l'aurait tuée lui-même de façon accidentelle, ou bien, d'autres fois, qu'elle avait disparu dans le naufrage d'une embarcation équipée pour la chasse sous-marine. Une des particularités de son récit, qui en rendait le déroulement quasiment impossible à suivre, était, outre sa fragmentation excessive, ses contradictions, ses manques et ses redites, le fait qu'il y mélangeait constamment les temps du passé avec de brusques passages au présent qui paraissaient pourtant concerner la même période de sa vie, et les mêmes événements.

Une chose cependant est sûre : c'est le jour même de son entrée dramatique dans la salle étroite et sombre du débit de Ker-an-Dû, où le silence tout à coup s'était abattu sur un petit groupe de pêcheurs attablés, tournant la tête l'un après l'autre vers la porte encore ouverte qui venait de lui livrer passage (sous la ferme poigne de son gardien en uniforme), que Corinthe, échappant on ne sait comment à toute surveillance, serait retourné à cheval sur les lieux de son aventure nocturne, dans l'intention évidente d'y récupérer sa redoutable trouvaille. Pour concilier les deux versions, en apparence au moins incompatibles, de sa remise sur pied rapide ou de son alitement prolongé, on peut imaginer que le malade, parvenant à surmonter une fièvre déjà déclarée, mais trompant sur son état réel ses hôtes qui ne cachaient pas leur inquiétude, s'était en effet esquivé très tôt sous quelque prétexte et, grâce à des réflexes de cavalier chevillés au corps, avait réussi à trotter juqu'à la grève maléfique (considérée du moins comme telle dans toute une série de vieilles légendes et de superstitions locales, selon ce que, dans mon enfance, j'ai maintes fois entendu rapporter).

Bien que cette séquence finale de l'épisode (dit du miroir qui revient) demeure pour toujours d'une extrême confusion, tant les relations diffèrent entre elles et se mélangent à des réminiscences inconscientes du folklore, un certain nombre de points peu contestables semblent malgré tout pouvoir être fixés comme repères. Lorsque Corinthe arrive en vue de l'anse — dont il a conservé le souvenir précis — et qu'il en parcourt la courbe adoucie d'un regard anxieux, du haut de la dune où la bruyère rose et les touffes d'armérias forment une toison très rase, il comprend tout de suite que le miroir a disparu. La mer descend et une large bande soyeuse à la pente très faible, à l'accueillante concavité, se trouve déjà découverte, formant une étendue blonde toute neuve, parfaitement unie et lisse, où par exception le reflux n'a laissé en se retirant ce matin aucun débris de varech, ni autre menu déchet, si bien que la moindre épave y apparaîtrait dès le premier coup d'œil.

Au pied de la dune non plus, il n'y a pas trace de ce que recherche l'homme à cheval, sur le sable sec et bosselé que n'a pas atteint la marée haute. L'eau de la baie est aussi calme que celle d'un lac, ce qui exclut l'hypothèse d'une tempête encore toute proche, au cours de laquelle la mer en furie aurait remporté les divers objets déposés auparavant sur la côte. Toute l'atmosphère des lieux est au contraire si tranquille que Corinthe, comme s'il oubliait un mauvais rêve, s'avance à présent d'un pas de promenade sur sa monture blanche, elle-même définitivement apaisée, quand soudain, parvenu à l'échancrure taillée par le ruisseau dans l'escarpement du rivage, il aperçoit à nouveau la caisse de blanchisseuse, abandonnée au bord de la mare transparente par une lavandière de nuit.

L'ustensile de bois n'est pas en aussi mauvais état qu'il l'avait cru sous l'éclairage douteux de la lune. Le chêne en est seulement blanchi et usé par le travail. On jurerait d'ailleurs que quelqu'un vient tout juste de s'en servir. Trois pas de plus et Corinthe découvre (et c'est presque comme s'il était venu jusqu'à ce point dans le seul but, inavoué, de voir la chose, tant il a maintenant l'impression qu'il s'y attendait), accrochées aux rameaux des bruyères un peu plus hautes qui garnissent le revers de la petite dépression où ruisselle le modeste cours d'eau, trois pièces fraîchement lavées de lingerie féminine qui sèchent dans un subit rayon de soleil, mince et improbable trait de lumière jaune tombant obliquement du ciel gris.

Le raffinement discret, dont le charme tient aussi à la désuétude, de cette parure en soie brodée empêche qu'elle appartienne aux sous-vêtements d'une simple paysanne. Ne serait-ce pas plutôt, précisément... Ayez pitié ! Mon Dieu, ayez pitié ! Cette chemisette déchirée, ce triangle si petit, ces guipures, voici que l'homme au cheval blanc se souvient de les avoir déjà... Ayez pitié ! Ayez pitié ! Sur le slip étroit garni de dentelles comme sur le devant du porte-jarretelles assorti, il y a de larges taches de sang tout frais, encore liquide, qui paraît même en train de sourdre et dont la couleur vermeille brille d'un éclat insoutenable.

Henri de Corinthe aurait alors ressenti un grand froid qui gagnait rapidement ses membres, sa poitrine, tout son corps. Et il n'y a rien d'étrange à cela, si l'on songe qu'il n'avait — semble-t-il — même pas changé de costume depuis son bain prolongé de la nuit précédente. C'est sans aucun doute ce terrible refroidissement qui avait entraîné quelque grave affection pulmonaire, le séjour nécessaire à l'auberge, la fièvre intense et le délire s'expliquant du même coup de façon toute naturelle.

Mais on raconte aussi que le coursier fidèle à la crinière blonde était depuis lors resté bizarre, ombrageux, difficile. Les gens de Brignogan disent que les chevaux ne distinguent pas leur reflet dans les glaces et que, à travers les profondeurs glauques du miroir noyé, au lieu du visage de Marie-Ange, la fiancée assassinée qui poursuivait son maître, le cheval blanc avait vu pour la première fois sa propre image, c'est-à-dire sa propre mort. La ferme croyance que l'animal aurait été, cette nuit-là, changé en une sorte de démon, ou de spectre, se trouvait étayée, aux yeux des paysans crédules, par le fait (d'ailleurs confirmé) qu'on n'entendait jamais le bruit de ses sabots, même quand il galopait sur un sol dur.

Si le caractère ensorcelé du cheval ne fait de doute pour personne, aujourd'hui encore, ne serait-ce qu'en raison de sa grâce dansante et de son exceptionnelle beauté, la date — même approximative — de cet incident du miroir demeure en revanche énigmatique. La scène devrait en principe être largement antérieure à la défaite de 40, maint détail l'atteste dans mon souvenir : l'aspect encore très sauvage de cette côte du Nord-Finistère, depuis lors si dégradée, la traditionnelle ronde quotidienne d'un douanier sur le sentier qui longe au plus près la falaise, le costume même du brigadier, la salle obscure à l'ancienne mode du café de Ker-an-Dû, etc.

En outre, ne l'oublions pas, la blessure que Corinthe avait rapportée du front le mettait ensuite hors d'état, et d'une manière définitive, de monter à cheval. Tout le monde se rappelle sa jambe raide et la canne à pommeau d'argent de laquelle il tenait, outre son équilibre et un adoucissement de sa claudication, une démarche de dandy dont il usait avec adresse et qui ajoutait encore à l'élégance du personnage, ainsi qu'à son prestige. Or Marie-Ange van de Reeves, la jeune maîtresse morte dont les traits gracieux, mais chargés de reproche, sont inopinément reparus dans le miroir fantôme, a péri au cours d'un séjour en Uruguay avec Henri de Corinthe, qui — nous le savons avec certitude — n'a vécu en Amérique du Sud qu'après la fin des hostilités. Y avait-il, auparavant, fait quelque escapade galante? C'est peu vraisemblable. Son activité politique intense des années 30 ne lui interdisait-elle pas, eu égard à sa clientèle, tout voyage de noces déshonnête, même sans crime ou accident et fût-ce de l'autre côté de l'Atlantique, vers les lointaines rives de la Plata?

Mais, quelquefois, j'ai l'impression de confondre la blonde Marie-Ange avec une autre jolie fille, Angélica von Salomon, qui a aussi été très liée au jeune comte. Il est possible, enfin, que je prête involontairement à Corinthe des traits de caractère, des faits d'armes ou des particularités biographiques plus anodines qui ne lui appartiennent pas, empruntés peut-être à d'autres personnalités plus ou moins célèbres de l'époque, Henri de Kerillis, François de La Rocque, ou même le comte de Paris, qui s'appelait Henri également et prétendait au trône de France.

Comme beaucoup d'anciens combattants déçus par leur victoire si chèrement acquise, patriotes inquiets, dégoûtés de plus en plus par le régime parlementaire, mon père avait appartenu au début des années 30 à l'association des Croix de feu. Mais le colonel de La Rocque, son fondateur, fut ensuite soupçonné de s'être servi de ses troupes, le 6 février 34, pour protéger le Palais-Bourbon, dans une collusion secrète avec la police de Daladier. Une telle accusation, qui émanait, je crois, de l'Action française, reste bien entendu invérifiable. Mais elle illustre parfaitement les multiples divisions et les haines partisanes qui existaient entre les ligues d'extrême-droite.

C'est d'ailleurs seulement en 1936, ou même au début de l'année suivante, que Corinthe, passant outre aux conseils de ses amis les plus sûrs, a créé officiellement son propre groupe : la Renaissance socialiste nationale (alors que, dans sa jeunesse, il avait été élu député sur une liste monarchiste, à la faveur d'un bref essai de représentation proportionnelle intégrale). Le mouvement n'aura guère de succès et sera oublié presque aussitôt, trop de petits partis aux aspirations très voisines se disputant des militants potentiels en fin de compte peu nombreux, et souvent assez réticents devant le caractère proclamatoire, agressif et creux des programmes. Aujourd'hui, c'est avec plus d'ennui que de regret, mais aussi avec étonnement, que je retrouve l'écho de ces enthousiasmes civiques — plus ou moins fascisants — et de ces désillusions, voire de cette amertume, dans le « personnage » de Laura qui traverse d'un bout à l'autre mon premier roman, *Un régicide*.

Quant aux différents visages politiques de Corinthe (n'a-t-il pas aussi été en flirt, un instant, avec le parti communiste, et cela au cours d'une des périodes les plus staliniennes de son histoire ?), ce n'était probablement qu'une traduction de sa propre incertitude, et de son angoisse grandissante devant la montée des périls. Mourir avec panache dans un combat inutile contre les divisions blindées de l'ennemi — qui était justement, par une ironie du sort, cette Allemagne dont il admirait le spectaculaire redressement et, en partie du moins, l'idéologie — constituait sans doute une solution qu'il avait envisagée de sang-froid. Il en est revenu, boitant mais avec élégance, et toujours prêt à s'engager avec passion dans les causes les plus suspectes.

David Samuelson raconte, dans ses mémoires de directeur du Théâtre-Français, que Corinthe, au sortir de l'adolescence, rêvait de devenir un grand comédien et qu'il avait joué devant le public sur de petites scènes parisiennes, quelquefois même des rôles importants. Il montrait alors une prédilection pour les pièces historiques où il incarnait des héros solitaires au destin grandiose et triste : Napoléon, Berlioz, Cromwell... Samuelson remarque à ce propos qu'il y a derrière tout homme politique une carrière ratée d'acteur. Le contraire pourrait se soutenir aussi bien.

Vers la fin de ces années 30, la situation financière de la cartonnerie paternelle s'est peu à peu améliorée. En plus des grandes vacances, celles d'été, que nous passions toujours à Kerangoff chez notre grand-mère maternelle (avec bientôt, pour de plus brefs intermèdes, des séjours à la mer dans une maison paysanne que la sœur aînée de maman avait aménagée près de Quiberon), nous avons commencé à prendre aussi des petites vacances d'hiver, dans le Jura, avec cette fois de vrais skis et tout l'équipement nécessaire, que nous préparions avec amour plusieurs semaines à l'avance. (C'était l'époque de la graisse à chaussures, des fixations à courroies réglables et du fart au goudron de Norvège, dont la forte odeur de résine imprégnait tout l'appartement.)

Depuis la mort de grand-père Robbe, nous n'allions plus à Arbois, où nous avions goûté de son vivant d'amoureuses sensations d'automne, ramassant les pommes tombées et les noix fraîches le long des chemins, à travers la campagne qui commençait à roussir.

(Un agrandissement photographique, de teinte sépia et un peu flou, où l'on reconnaît le château en arrière-fond au milieu des frondaisons déjà dégarnies, me représente à sept ou huit ans, dans un tablier de percale qui a l'air d'une petite robe, entourant d'un bras nu relevé, au geste arrondi, les hampes fleuries de roses trémières vers qui j'incline de côté, sur l'épaule, ma tête aux boucles brunes, avec un sourire câlin vers l'objectif et des grâces de fille.)

Mais le frère de papa — nettement plus âgé que lui — était receveur des postes au Russey, au-dessus de Morteau, dans le Doubs. C'est donc là que nous avons appris à glisser, dans les clairières entre les sapins, sur des pentes douces mais peu enneigées. Nous prenions pension dans un modeste café-hôtel pour commis-voyageurs, où mon oncle avait ses habitudes. C'était un homme débonnaire, souvent un peu ivre, qui peignait à l'huile, le dimanche, des paysages hivernaux — chaumières et forêts sous la neige — non pas pris sur le vif, car il n'aimait guère sortir du bourg, mais copiés d'après des cartes postales. Ses œuvres étaient à vendre, exposées parmi les cageots de fruits et de légumes chez l'épicier du coin. Les sapins, sur ses tableaux, ressemblaient à des arêtes de harengs saurs. Il en convenait en riant. Puis il racontait avec forces plaisanteries et calembours approximatifs ses déboires d'artiste incompris.

Les scènes qui demeurent avec le plus de précision dans notre mémoire sont aussi bien les plus insignifiantes, les plus inutiles : on garde ça en tête, définitivement, mais on ne sait pas quoi en faire. En voici une qui réclame sans raison, avec insistance, de figurer dans mon récit. J'ai revu cet oncle Maurice dix ans plus tard. Il avait pris sa retraite à Ornans et, comme je me le rappelais sympathique, j'ai voulu lui rendre visite sans prévenir, au cours d'une randonnée à bicyclette que je faisais des Vosges aux Alpes en compagnie de Claude Ollier, dont je venais de faire la connaissance dans les camps de travail, en Allemagne.

J'ai eu beaucoup de mal à trouver le logement de l'ancien receveur, parce qu'il se faisait appeler Robbe, ayant supprimé la moitié de ce nom trop compliqué qui était pourtant celui de la famille depuis au moins une dizaine de générations. L'endroit n'était peut-être pas exactement un taudis, mais ça devait en approcher fort tant l'ensemble m'apparaît, aujourd'hui comme sur le moment, sombre, sale et délabré. Il me faut monter un escalier rudimentaire, dont plusieurs marches sont ébréchées ou branlantes, et, juste en haut, il y a un trou dans le plancher, mal dissimulé par un bout de volige. Mon oncle et ma tante ont bu, comme à leur habitude. Le litre de vin rouge est là, sur la table, au milieu d'un amoncellement d'ustensiles difficiles à identifier. Toute la pièce est d'ailleurs si encombrée de choses hétéroclites que je ne sais pas où me poser. Oncle Maurice finit par me reconnaître, par comprendre en tout cas que je suis le fils de son frère. Tante Louise, totalement hébétée, est affalée dans un coin sur une chaise si basse que j'ai d'abord cru qu'elle reposait à même le sol, gros tas informe surmonté d'une figure rouge et boursouflée. Toutes les trente secondes, elle répète sans aucune variation, du même ton geignard et apeuré : « Qui c'est, Maurice ? »

Ils sont morts tous les deux peu de temps après. Papa est allé à l'enterrement (à Ornans, ô Courbet !) et il en a rapporté deux ou trois objets comme souvenir : un petit canapé en mérisier au curieux dossier pliable qui venait d'Arbois (il est à présent ici, au Mesnil) et deux alliances en or qui traînaient dans un vide-poche. Je les ai adoptées le jour de mon mariage, sans avoir jamais su pour qui elles avaient été faites. La plus large ne m'allait qu'à l'annulaire droit, mais il n'y avait ni église ni prêtre pour me le reprocher. C'est donc à ce doigt-là que, depuis plus d'un quart de siècle, je la porte. Elle y a remplacé les quatre anneaux d'aluminium archi-usés, devenus tout minces et fragiles, dont il a été question précédemment. Pour Catherine, la plus étroite avait été réduite encore et repolie. Quant à l'interrogation angoissée de tante Louise, je suis tout à fait certain qu'elle a servi de *formant* pour la phrase « Tire pas, Maurice ! » qui figure dans *Les gommes,* lors d'une version crapuleuse imaginée par un inspecteur de police pour l'assassinat de Daniel Dupont.

Au bout de deux années, nous avons renoncé au Russey pour un minuscule village du haut Jura, où nous sommes retournés régulièrement jusqu'à la guerre, dans une région d'alpages beaucoup plus pittoresque et favorable au ski. La neige y était toujours abondante, trop parfois. Nous nagions dans l'émerveillement. « Chausser les skis à la porte de l'hôtel » nous apparaissait comme une félicité de rêve. Il n'y avait toujours pas de pistes aménagées et les montées se faisaient en fixant des peaux de phoque sous les lattes, mais les promenades étaient variées et commodes, les descentes faciles. Nous y avons été heureux, tous les quatre, ou plus souvent tous les trois puisque maman était moins vaillante, seuls au monde au milieu des montagnes toutes blanches, qui soudain le soir se colorent en rose et bleu, tandis que nous revenons en file indienne à travers des étendues vierges bordées de sapins croulant sous leurs fourrures fraîches, que le gel de la nuit va fixer, minces silhouettes noires s'avançant avec lenteur sur le replat, qui de loin paraissent immobiles, le père en tenue de chasseur alpin faisant la trace, suivi l'un derrière l'autre par ses deux enfants ; heureux aussi de retrouver maman pour lui raconter nos prouesses, et les lumières chaudes et le petit hôtel — déjà plus confortable — qui était situé exactement sur la frontière, avec une porte en France par-devant et une autre en Suisse par-derrière, ce qui nous amusait beaucoup. (Nous avions une prédilection pour certaines chambres qui se trouvaient coupées, au beau milieu, par la ligne théorique séparant les deux nations.) Il y a une odeur très spéciale des hôtels de sports d'hiver, lorsqu'on y rentre en venant de l'air froid du dehors, tellement particulière que je n'essaierai même pas d'en décrire les composantes, mais dont j'ai retrouvé l'émotion intacte, bien des années plus tard, à Davos ou à Zermatt.

Maman était fréquemment souffrante, durant toute cette période (ce dont il fallait sans cesse tenir compte, pour les vacances comme pour le reste), atteinte en fait d'un fibrome classique qu'elle se refusait à faire opérer, par respect de la nature, expliquait-elle, préférant rester couchée des journées entières à lire ses journaux. Papa n'a jamais montré la moindre répugnance à s'acquitter des emplettes quotidiennes, de la vaisselle, ou d'autres travaux domestiques. Depuis qu'une relative aisance facilitait la vie familiale, une femme de ménage efficace et dévouée — rude Suissesse au verbe aussi cru que savoureux — se chargeait en tout cas de l'entretien et de la cuisine, confectionnait d'immenses tartes aux pommes dont la pâte feuilletée, d'une extrême minceur, constituait un secret d'Etat (elle s'enfermait pour sa fabrication dans l'étroite cuisine, d'où nous parvenaient, avec les exclamations qu'elle s'adressait à haute voix, les chocs répétés du rouleau à pâtisserie, utilisé comme un battoir avec tant de vigueur qu'on l'aurait cru en train de tout détruire), et elle gouvernait en vérité, tout autant qu'elle le faisait reluire, le petit appartement de la rue Gassendi, où il y avait maintenant un tapis marocain et des plafonniers en verre dépoli avec du cuivre doré, de ce style 1935 qui déjà revient à la mode.

Cette gentille dame est restée très longtemps chez nous, avant, pendant et après la guerre. Mais elle nous faisait toujours l'effet d'un ouragan. En arrivant le matin, de bonne heure (et quelquefois nous étions encore au lit), elle « écalabrait » les fenêtres, c'est-à-dire qu'elle les ouvrait en grand de tous les côtés à la fois, même en plein hiver, de manière à produire dans toute la maison des courants d'air aussi violents que possible. Elle commençait alors à « réduire le chenil » (elle prononçait *chni*), ce qui signifiait lutter contre le désordre. Au milieu de la tempête qui faisait claquer les portes et voler les rideaux, elle cachait d'abord tout ce qui traînait, et souvent dans les endroits les plus imprévus sous prétexte de nous apprendre à ranger nos affaires, puis elle balayait, avec une ardeur si impétueuse que le bois du balai cognait à chaque coup contre les parois ou contre les meubles, ce dont la plupart portent à jamais les traces.

110

Une fois, on l'a trouvée debout sur le buffet de la salle à manger, dont elle avait entrepris de nettoyer le dessus avec les patins en paille de fer qui servaient normalement pour le plancher de chêne, lui-même d'ailleurs fort éprouvé dans ses parties les moins résistantes.

Quand nous rentrions à midi, il ne fallait pas demander ce qu'elle avait cuit pour le repas, car elle disait alors invariablement qu'elle avait fait des « nauds » (j'imaginais du moins cette orthographe), et comme, au début, nous demandions ce que c'était, elle répondait avec un grand rire dévastateur : « C'est de la merde avec des pruneaux ! » Puis, peut-être dans l'espoir de nous faire partager son enthousiasme, ou bien seulement pour prolonger l'étrange joie où la plongeait inusablement cette formule, elle la répétait aussitôt deux ou trois fois.

A la déclaration de guerre, toutes les dettes de la cartonnerie étaient enfin payées, et papa a choisi d'abandonner l'entreprise commune à son seul beau-frère, pour occuper de son côté divers emplois de bureau, d'abord au ministère de l'armement, puis, après l'armistice, dans d'autres organismes du même genre. Un peu plus tard, grâce aux relations qu'il avait gardées dans le milieu des marchands de poupées, il est entré à la Chambre syndicale des fabricants de jouets, dont il est devenu secrétaire général à peu près au moment où j'ai commencé à écrire. Il s'amusait à ce rôle de personnage en représentation, jouait en se moquant de lui-même au monsieur important qui participe à de hautes réunions professionnelles, voyage à l'étranger, rencontre des ministres ; et il paradait un peu quand il arborait un costume neuf, comme faisait autrefois dans son uniforme le fringant lieutenant Robbe-Grillet aux aciéries d'Hagondange, où

Yvonne Canu, notre future mère, était sténo-dactylo.

Mes parents étaient pétainistes, évidemment, mais, contrairement à l'espèce commune, ils l'étaient toujours — plus encore peut-être — après la Libération. Vers 1955, je recevais chez nous mes nouveaux amis écrivains, gens de gauche bon teint dont plusieurs avaient fait de la résistance active. Papa s'était, à cette époque-là, pris de passion pour la bouillie d'avoine : il se préparait chaque soir en guise de dîner sa ration de farine grise — très goûtue, comme on dit en Bretagne — cuite dans du lait frais où l'on tourne avec lenteur une cuiller de bois, et il en servait volontiers de grandes assiettes à tous les visiteurs. Michel Zéraffa, Jean Duvignaud ou Lucien Goldmann, partageant ainsi sa pitance, s'étonnaient discrètement d'une grande photo de Pétain, qui souriait en tenue kaki au-dessus du buffet (celui où la paille de fer avait creusé une large concavité pour venir à bout d'une petite tache), à l'emplacement le plus visible de la tapisserie en rabane naturelle aux lés réunis entre eux par des croisillons de raphia noir. Ils détournaient les yeux, par politesse, s'efforçant de ne pas voir le choquant anachronisme. Mais Duvignaud, très homme du monde, a dit un jour entre deux cuillerées de bouillie, comme s'il s'agissait là d'un simple oubli sans importance : « Tiens, vous avez conservé la photo du Maréchal ? » Celle-ci, en effet, avait orné pendant quatre ans les neuf dixièmes des foyers de France. « Non, non, a répondu mon père, je ne l'ai pas conservée, je l'ai mise exprès le jour où les troupes américaines sont entrées dans Paris. »

C'était exact. Sous l'occupation allemande, il n'avait vu

aucun motif pour afficher sur nos murs une vénération aussi conformiste, aussi officiellement reconnue. Mais il éprouvait déjà sans réticence, pour le chef légitime de l'État, autant d'attachement sentimental que de respect. Le maréchal Pétain, c'était pour lui le combattant de 14, c'était les tranchées, c'était Verdun, c'était le lent redressement de nos armées au moment du plus grand désespoir, et la victoire enfin. La signature de l'armistice, en 1940, était aussi portée à son actif de sagesse et de courage, alors qu'il n'avait aucune part dans la défaite. La poignée de main historique, à Montoire, montrait surtout l'honnêteté du soldat. Bizarrement, ce militaire de profession se trouvait même, pour les besoins de la cause familiale, crédité d'un profond antimilitarisme. Et nous n'allions pas pleurer sur la mise au rebut des partis politiques ni sur les débats parlementaires défunts ! Par fidélité à Pétain, contre De Gaulle, le mauvais fils rebelle, mon père s'est même astreint... à voter pour le parti communiste, et cela pendant des années, décidé — disait-il — à le faire jusqu'à ce que les cendres du vieux maréchal soient transférées à Douaumont, auprès de ses fantassins.

Mes parents étaient anglophobes, position bien affirmée qui peut sans doute paraître en contradiction avec ce que j'ai dit de la littérature anglaise — pour enfants ou non — dont on nous avait abreuvés dès notre plus jeune âge. Mais c'était en grande partie sous l'influence d'une amie d'adolescence de ma mère, qui faisait de la reliure d'art à Paris, où elle vivait à un niveau incertain entre la bohème et la misère. Cette Henriette Olgiatti,

dont le grand-père Magnus prétendait descendre directement de Charlemagne (racontait-elle avec son rire à la
fois goguenard et chaleureux, qui se transformait inévi-
tablement en interminables quintes de toux), était
d'origine juive et très marquée par l'esprit britannique.
D'une intelligence vive et brillante, cultivée, parlant avec
autant de facilité que de drôlerie un langage très littéraire, elle a probablement joué un rôle considérable dans
la formation de notre sensibilité, en ce qui concerne
notamment le vaste et imprécis domaine de l'humour.
Elle passait une grande partie de son temps à la maison,
sous n'importe quel prétexte, fumait deux paquets de
Camel par jour, débordait d'anecdotes à conter — ne
fût-ce que ses propres malheurs — quand elle ne nous
faisait pas la lecture (*Les histoires comme ça, Les bébés
d'Hélène,* ou *Le capitaine Corcoran*) et papa devait souvent la mettre à la porte, tard dans la nuit, pour que tout
le monde puisse enfin dormir.

La haine envers l'Angleterre était donc chez nous
strictement politique, mais elle ne datait certes pas de la
dernière guerre. Nos revers militaires communs ne
faisaient au contraire que ranimer de vieilles rancunes :
toute mon enfance a été bercée par les anciennes chan-
sons de la marine à voile qui, de *Primauguet* au *Trente
et un du mois d'août,* ne sont guère aimables pour nos
voisins d'outre-Manche, et l'on nous rapportait avec
attendrissement le cas de ces pêcheurs, oubliés dans une
petite île à la pointe de Bretagne, que les gendarmes
étaient venus chercher vers la fin de l'été 14, leur
annonçant avec quelque retard la mobilisation générale,
et qui, sans hésiter une minute sur l'ennemi héréditaire,
s'étaient écriés : « On va rentrer la morgue dans leur

gorge, cette fois-ci, à ces cochons d'Anglais ! », tout déçus ensuite, quand ils avaient compris leur erreur.

La façon dont s'étaient déroulés les combats dans le Nord, en 1940, et le rembarquement de Dunkerque (« Messieurs les Anglais, tirez-vous les premiers ! » ironisait-on), puis la destruction à Mers-el-Kébir de notre flotte désarmée, où périrent des centaines de marins bretons (les pierres tombales du cimetière de Recouvrance, au coin de notre plaine de Kerangoff, en portent avec précision témoignage), tout venait attiser brusquement des sentiments séculaires de méfiance envers « la perfide Albion », qui nous les rend bien, toujours prêts à se changer en exécration violente.

On le constate encore aujourd'hui à la moindre occasion : le peuple français jubile en douce quand un missile fabriqué chez nous coule un navire de guerre britannique, devant des îles que nous persistons à désigner sous le seul nom de Malouines, et un référendum proposé à nos suffrages chasserait avec satisfaction ce faux allié hors du Marché commun, puisqu'il semble bien n'y être entré que pour le torpiller plus à l'aise (j'écris ces lignes à la fin du mois de mars 1984).

La propagande allemande travaillait donc en terrain très sûr, quand elle exploitait sans vergogne chez les Français le riche filon de l'anglophobie, appelant pêle-mêle à la rescousse Jeanne d'Arc et Caton l'Ancien (« L'Angleterre, comme Carthage... »), faisant même rééditer les dessins cruels de Willette ou d'injurieux pamphlets datant de la guerre des Boers, dont se délectait aussitôt, la rage au cœur, toute ma famille. L'héroïque résistance de nos anciens partenaires aux bombardements de terreur ne comptait pour rien à nos yeux : les

Anglais, comme d'habitude, défendaient leurs intérêts, pas les nôtres. Et s'ils repoussaient avec tant d'énergie les pressions ouvertes ou larvées de certains milieux d'affaires américains, plus ou moins germanophiles, c'est avant tout parce qu'ils ne pouvaient accepter de voir se réaliser leur éternelle hantise : une fédération européenne. Que le fédérateur soit un fou nommé Hitler ne constituait pour eux, en somme, qu'une circonstance secondaire.

C'était peut-être aussi l'avis de mes parents, d'une certaine façon, car leur nationalisme ne les empêchait pas d'être, depuis longtemps, partisans convaincus d'une Europe unie, voire unifiée (mais sans les Anglais, Dieu nous garde !). Donc, s'ils citaient avec une totale conviction ce mot prêté à un homme d'Etat britannique (est-ce Disraëli ?) : « Quand, j'hésite entre deux solutions, je n'ai qu'à me demander laquelle fera le plus de mal à la France », leur position vis-à-vis de l'Allemagne victorieuse ne pouvait être que plus ambiguë. Le militarisme prussien et sa soif de conquête demeuraient un danger, bien entendu ; mais, d'un autre côté, il fallait bien qu'un jour ou l'autre l'Europe se fasse, et qu'elle se fasse avec l'Allemagne (nazie ou non). Les guerres périodiques sur le Rhin ou la Moselle ne rimaient à rien, sinon à perpétuer une erreur tragique. Oublions ces querelles de frontière entre deux nations dont tous les intérêts convergent : elles sont aussi périmées que celles du Moyen Age qui ont déchiré la France actuelle...

Il n'aurait pas fallu pousser beaucoup mon père — en dépit d'un sens de l'honneur toujours très ferme — pour qu'il trouve même des excuses à ceux des soldats de 40 (nombreux ?) qui n'avaient pas voulu se battre. La guerre contre les Allemands lui rappelait trop quatre années de cauchemar : la boue, le froid, les shrapnells, les gaz asphyxiants, les tranchées adverses nettoyées à la baïonnette, les agonisants perdant leurs entrailles qui hurlaient des nuits entières entre les barbelés, et tout cela pour rien. Puisque nous n'avions pas su établir des liens de coopération, et bientôt d'amitié, avec l'Allemagne lorsque nous étions victorieux, nous devions tenter d'en faire l'essai à présent, comme vaincus.

Un tel pari allait sans aucun doute de pair avec une confiance inentamée dans le destin de la France, qui, libérée des errements de la démagogie républicaine, retrouverait vite son âme et finirait bien par imposer son génie à côté de celui, complémentaire, des cousins germains. Après tout, nous avions déjà été conquis par Rome : deux peuples ont souvent à gagner dans la fusion de leurs qualités antagonistes.

Mon père et ma mère ont profondément cru au couple France-Allemagne, comme noyau d'une future confédération plus large, alors qu'ils auraient dû, en bons maurrassiens, compter plutôt sur notre « sœur latine ». Au lycée déjà, ils nous avaient fait apprendre l'allemand comme première langue, et pas d'anglais du tout puisque, élèves doués, nous étions en latin-grec. Quand ensuite la règle des concours nous a conduits, ma sœur et moi, à étudier une seconde langue vivante, nous avons choisi l'espagnol.

Après la défaite, toutefois, cet esprit « collaborationniste » ne s'est jamais concrétisé dans les actes, ni sous la forme d'un engagement au sein d'une quelconque phalange, ni dans la moindre fraternisation personnelle avec l'occupant. Chez nous aussi, le « silence de la mer » restait malgré tout de règle, c'était une question de dignité : il ne fallait pas confondre la main tendue au vainqueur avec le zèle à lui lécher les bottes. Mais, par un geste symbolique, papa avait en quelque sorte enterré la hache de guerre : quand la Kommandantur a exigé la remise par les civils de leurs armes individuelles, il est allé — la mort dans l'âme, j'imagine — jeter dans un égout l'inutile lance-fusées qu'il avait rapporté du front.

Mes parents étaient antisémites, et ils le disaient volontiers à qui voulait l'entendre (même à nos amis juifs, si l'occasion s'en présentait). Je ne voudrais pas glisser avec pudeur sur un point aussi gênant. L'antisémitisme existe encore, un peu partout, sous des formes variées plus ou moins discrètes, et il risque sans cesse de reprendre ici ou là ses ravages, comme le feu qui a couvé dans un amas de cendres dont on ne s'est pas assez méfié. Pour lutter efficacement contre une idéologie aussi diffuse et tenace, il importe d'abord de ne pas en faire un sujet tabou.

Il s'agissait dans ma famille, me semble-t-il, d'un antisémitisme assez ordinaire : ni militant (dénoncer un juif à la persécution allemande ou vichyssoise aurait, bien entendu, fait horreur), ni religieux (ce dieu qu'*ils* avaient crucifié n'était évidemment pas le nôtre), ni méprisant (comme celui des Russes), ni délirant (comme chez Céline), ni non plus allergique (des juifs pouvaient, tout autant que d'autres, être passionnants à lire ou agréables à fréquenter). Fortement irrationnel cependant, comme ses variétés plus virulentes, l'antisémitisme de mes parents me paraît avoir été assez précisément « de droite », car son fondement le plus clair résidait dans un souci essentiel du maintien de l'ordre moral, joint à une défiance profonde contre tout internationalisme.

De même que les communistes sont toujours soupçonnés d'être au service de l'Union soviétique, qu'ils chériraient comme leur vraie patrie, les juifs étaient d'abord accusés d'appartenir à une communauté supranationale très forte, beaucoup plus importante pour eux que leur passeport français. Sans « racines » réelles dans l'hexagone, ils seraient liés originairement comme spirituellement à une autre « terre » que la nôtre; et eux-mêmes se sentiraient toujours plus ou moins apatrides. Le capitalisme international constituait une catégorie voisine et souvent confondue, sous le terme de judéo-ploutocrates, comme s'il n'y avait pas, à travers le monde, beaucoup plus de juifs pauvres que de milliardaires, et comme si tous les marchands de canons étaient israélites.

Plus trouble encore est la notion de déliquescence morale dont ils véhiculeraient les germes. Car le peuple hébreu en exil, non content d'être étranger à notre essence nationale, était en outre considéré comme un immigrant d'une nature spécialement pernicieuse, répandant d'un bout à l'autre de la vieille Europe le doute généralisé, la désagrégation interne des consciences, le désordre familial et politique, bref, entraînant rapidement la ruine de toute société organisée, la mort de toute nation saine.

Je dirais aujourd'hui, usant d'un vocabulaire qui n'était certes pas le nôtre à l'époque, que les juifs seraient en somme, de par le monde, un irremplaçable ferment de liberté. Ce n'est là encore, bien sûr, qu'un stéréotype,

119

sans quoi beaucoup de généreux israéliens, comme la plupart des rabbins zélotes, n'auraient plus droit au nom de juifs. Cependant, si nous voulons nous en tenir à cette imagerie, il n'est pas jusqu'au goût morbide pour l'infortune, les catastrophes et le désespoir, qu'on leur prête volontiers (quitte à leur reprocher en même temps la fortune qu'ils édifieraient aux dépens des corps sociaux dont ils deviennent parasites), qui ne me rappelle précisément ce que dit Heidegger de l'angoisse : le prix à payer pour pouvoir accéder enfin à la liberté de l'esprit.

C'est ici qu'apparaît très nettement pour moi l'antagonisme irréductible des notions d'ordre et de liberté, incarnées grossièrement sous ces deux figures stéréotypées du peuple allemand et du peuple juif. Car ainsi s'explique, en particulier, la xénophobie à échelle mobile qui nous faisait écarter les juifs de la communauté, alors qu'ils étaient français depuis souvent plusieurs générations, pour tenter l'union avec les Allemands, qui en tout état de cause ne l'étaient pas encore. Mais ils se situaient, eux, du bon côté : celui de l'ordre.

Pour lutter contre le redoutable virus de la négation infectieuse et de l'angoisse métaphysique (ce qui revient à dire : de la liberté), mes parents étaient certes loin d'imaginer une quelconque « solution finale ». Ils se contentaient parfaitement du « raisonnable » *numerus clausus* préconisé par Maurras. Comme beaucoup de gens sincères, sous l'occupation, nous ignorions évidemment que les nazis étaient en train de procéder à tout autre chose. La plupart des juifs qui partaient en déportation l'ignoraient eux-mêmes. Quant à ma mère, elle a toujours considéré leur extermination générale organisée comme tellement inconcevable qu'elle a continué jusqu'à sa mort, en 1975, à nier la réalité du génocide. Elle ne voyait là que propagande sioniste et documents truqués : on avait bien essayé de nous faire croire, aussi, que les Allemands étaient responsables du massacre systématique des officiers polonais, découverts dans les charniers de Katyn.

La complaisance coupable envers le malheur (accueilli comme fatal) et le désespoir quotidien, nous la retrouvions dans toute une prose romanesque dont nous étions à dire vrai très friands (surtout peut-être ma mère et moi), en dépit du terme de « littérature juive » qui servait à la maison pour la désigner. Je cite ici, au hasard, quelques-uns des livres classés allègrement sous cette étiquette, dont les auteurs n'ont parfois, sans doute, aucune origine judaïque : *Poussière* de Rosamond Lehmann, *Tessa* de Margaret Kennedy, *Fortune carrée* de Kessel, *Jude l'obscur* de Thomas Hardy, et aussi l'énorme trilogie de Jakob Wassermann (*L'affaire Mauritzius, Etzel Andergast, Joseph Kerkhoven*), ou encore le *Rébecca* de Daphné du Maurier. Louis-Ferdinand Céline avait, je pense, bien de la chance d'être officiellement reconnu de droite et antisémite, sans quoi le *Voyage* et *Mort à crédit*, qui demeurent pour moi ses deux grands livres, auraient été mis sans hésiter dans le même sac, ce qui ne serait d'ailleurs pas apparu comme un empêchement à les relire avec délectation, bien au contraire...

Mais, arrivé à ce point de mon récit, voici qu'il me devient de plus en plus difficile de continuer à dire « nous » pour parler de l'idéologie familiale. Je voulais citer ici les romans de Kafka et je me rends compte aussitôt que je les ai lus seulement après la guerre, et que je n'étais plus le même à ce moment-là. Bien sûr, on n'est jamais tout à fait le même, d'une année sur l'autre, d'une heure passée à celle qui suit. Mais c'est une véritable coupure que l'année 45 a représentée dans mon existence. Car mes rapports personnels avec l'ordre ont été profondément altérés à partir de la Libération, et surtout après l'entrée des troupes alliées en Allemagne, accompagnées chaque jour de monstrueuses révélations sur la matérialité des camps et sur toute la sombre horreur qui était la face cachée du national-socialisme. (Chambres à gaz ou pas, je n'y vois pour ma part aucune différence, du moment que des hommes, des femmes et des enfants y mouraient par millions, innocents de tout crime sinon celui d'être juifs, tziganes ou homosexuels.)

Je suis revenu moi-même d'Allemagne à la fin de juillet 1944 (ou même au début d'août, je ne sais plus au juste), rapatrié sanitaire après un an de S.T.O. et un mois d'hôpital. Mais mon séjour à Nuremberg ne m'avait pas appris grand-chose sur la véritable nature du régime nazi. C'était en effet un camp de travail très ordinaire, ce camp de Fischbach où se trouvaient parqués pêle-mêle des paysans serbes raflés en masse, des ouvriers français plus ou moins volontaires, des jeunes charentais et des étudiants parisiens qui avaient eu le tort de naître en 1922 (une trentaine d'élèves de l'Agro et de Grignon étaient groupés là, devenus O.S. dans une usine de guerre, comme tout le monde, après avoir vainement tenté de travailler plutôt pour l'agriculture), ainsi que bien d'autres catégories et nationalités, mais le camp était immense et nous ne connaissions que les habitants de trois ou quatre baraques voisines, dans la même rangée que la nôtre, dépendant de la même cantine et utilisant les mêmes latrines communautaires.

Evidemment c'est dur de rester soixante-douze heures par semaine debout devant un tour automatique, surtout quand — une semaine sur deux — on appartient à l'équipe de nuit, évidemment ça n'est ni très agréable ni très sain de se nourrir principalement de pommes de terre gâtées nageant dans une sauce visqueuse, évidemment il faisait froid l'hiver et l'eau gelait souvent dans les bouteilles, au pied des châlits dont les sacs remplis de paille servant de matelas grouillaient d'énormes punaises, évidemment nous ne possédions comme abris contre les fréquents bombardements nocturnes que les trous creusés par nous tant bien que mal, le dimanche, dans la terre gelée couverte de neige. Mais beaucoup d'Allemands étaient plus ou moins logés à la même enseigne, sans parler de ceux qui se battaient sur le front russe.

Et nous n'étions ni maltraités ni enfermés derrière des barbelés concentrationnaires. Il y avait bien des miradors, disséminés aux alentours, mais c'était pour surveiller les éventuels incendies dans les forêts de pins qui s'étendaient sur la plus grande partie du paysage. Pendant la trop brève période d'apprentissage, où nous disposions d'un peu plus de temps libre et où le travail n'était pas encore exténuant, nous pouvions même aller au concert en ville ou dîner le soir à l'auberge du village, et aussi nous promener dans la campagne et visiter les petites villes des environs (notre laisser-passer de travailleurs étrangers nous autorisait à nous déplacer dans un rayon de cent kilomètres autour de l'usine, ne serait-ce d'ailleurs que pour regagner notre logement, situé déjà à trois quarts d'heure de train). C'était alors le début de l'été 43, il faisait chaud, les gens étaient aimables, il y avait très peu d'attaques aériennes, les pinèdes sentaient bon la résine à l'abri de leurs écriteaux « Ici ne fument que les incendiaires », et les biches sauvages se laissaient approcher en nous regardant de leurs grands yeux doux, comme il en sera — dit-on — au royaume des cieux.

Mais même ensuite, quand l'hiver est venu et que notre condition ouvrière s'est gâtée, l'imagerie de l'ordre régnant dans la bonne Allemagne demeurait somme toute intacte. Les petits enfants blonds souriaient toujours au bord du chemin, les trottoirs citadins étaient toujours aussi nets et la nature aussi propre, qu'elle soit verte ou blanche, les soldats impeccables de la Wehrmacht défilaient toujours de leur pas lourd et solide en chantant à l'unisson d'une voix grave, les trains arrivaient à l'heure, les contremaîtres faisaient leur métier de chiens ; mais, s'il nous fallait attendre dans une salle enfumée de la gare centrale un convoi retardé par quelque destruction de voie ferrée, réparée bientôt, des officiers permissionnaires (au visage fatigué, eux aussi, sous la casquette plate rigide) partageaient leurs pommes avec les étudiants français, en leur racontant comme ils aimaient Paris, Notre-Dame et *Pelléas*.

Le seul désordre était en fait causé par l'aviation anglaise ou américaine, qui, sans effet visible sur l'industrie de guerre (les bombes au phosphore paraissaient préférer nos modestes baraques à l'imposante usine M.A.N.), ravageait méthodiquement la pimpante cité médiévale et perturbait de façon considérable ce qu'il restait de sommeil dans notre nouvelle vie de forçats, la rendant encore plus épuisante. Et lorsque, à bout de forces, atteint de rhumatisme articulaire aigu, je me suis retrouvé paralysé sur ma paillasse, on m'a transporté dans un hôpital souterrain d'une région épargnée (Ansbach) où des médecins et infirmières se sont occupés de moi normalement, souvent même avec gentillesse.

Devant la gare de Nuremberg, il y avait un immense panneau peint de couleurs sombres qui représentait des scènes de crime et de folie (incendies, viols, assassinats, massacres, etc.) sous une lumière d'apocalypse, avec cette légende en caractères gothiques : « La victoire, ou bien le chaos bolcheviste ! » Aujourd'hui plus que jamais, nous savons qu'il s'agit en fait de tout autre chose. Ce n'est pas le chaos qui règne en U.R.S.S., bien au contraire. Dans le régime soviétique aussi, c'est l'ordre absolu qui engendre l'horreur.

Car voilà que soudain tout s'écroule. Les militaires droits et généreux, les jolies infirmières bien proprettes, les pommes de l'amitié, les biches confiantes et le sourire blond des enfants, tout ça n'était qu'une blague. Ou plutôt, ça ne représentait que la moitié du système, la moitié visible de l'extérieur, la vitrine en quelque sorte ; et maintenant on découvrait avec stupeur l'arrière-boutique, où les soldats devenus déments égorgeaient en silence (les cris aphones et le rire muet des cauchemars) enfants, infirmières et biches.

On peut alors se souvenir de quelques indices qui nous avaient incidemment choqués, fugitifs craquèlements, dans la surface lisse et polie de la devanture, vite recouverts d'un rassurant « après tout, c'est la guerre ! » qui en réalité n'expliquait rien... Dans une boulangerie de Nuremberg, un écriteau tout semblable aux autres écriteaux (où se trouvent calligraphiés des avertissements du genre « La maison est fermée le lundi » ou « L'aimable clientèle est priée de ne pas toucher le pain ») annonçait tranquillement : « On ne sert pas de gâteaux aux Juifs et aux Polonais. » Les êtres humains se trouvaient en effet répartis en catégories distinctes, qui ne jouissaient pas des mêmes droits.

Nous-mêmes, nous ne portions pas d'insignes ni repères spécifiques sur nos vêtements (l'administration se contentait de prélever une part notable de nos salaires sous la rubrique « impôt spécial pour les ouvriers étrangers », c'est-à-dire : qui viennent ici vivre à nos dépens...), mais les Allemands juifs avaient comme en France une étoile jaune sur la poitrine (il en circulait très peu d'ailleurs, en 1944, on devine pourquoi), les Ukrainiens étaient marqués du mot « Ost » (abréviation pour *Ostarbeiter,* travailleur de l'Est) inscrit en blanc dans un carré bleu, et les Polonais, les chers Polonais qui entraînent toujours avec eux le cœur de la France pour une fois unanime, se reconnaissaient à la lettre P cousue sur leur costume et n'avaient donc pas droit au strudel, ni aux portions triangulaires de pâtisseries colorées garnies de crème ersatz... Quand on aime l'ordre, on classe. Et quand on a classé, on colle des étiquettes. Quoi de plus normal ?

Et puis une image de l'hôpital d'Ansbach... Je ne suis plus dans la petite salle souterraine où s'entassaient des moribonds et impotents, trop mal en point pour descendre aux abris en cas d'alerte, où régnait un silence de chapelle et où chaque matin on tirait un rideau pudique autour des morts de la nuit (une tringle prévue à cet effet cernait chaque lit à deux mètres du sol). Dans la longue salle claire où une cinquantaine de lits en fer s'alignent sur deux rangs, l'un du côté des fenêtres et l'autre contre la paroi aveugle, il y a juste en face de moi un homme étonnamment grand et large, au visage de brute pacifique, qui donne l'impression d'être fort comme un ours ; mais il est probablement tuberculeux au dernier degré, à en juger par sa toux continuelle et ses horribles crachements.

Un jour, on vient le chercher : quatre militaires qui ne sont visiblement ni des infirmiers ni des médecins. L'homme refuse de bouger et se met bientôt à pousser de puissants beuglements, de sa voix de basse caverneuse, entrecoupés par des mots en russe, ou dans une langue voisine. Les gentilles infirmières détournent la tête d'un air gêné, elles nous expliquent que ce malade est incurable et qu'il faut le transférer dans un autre hôpital. Lui, debout à présent, se débattant avec mollesse mais gueulant toujours comme une bête qu'on mène à l'abattoir, paraît très bien savoir de quel genre d'hôpital il s'agit. Les exécutants l'habillent et finissent par l'entraîner tant bien que mal. Ils ne lui arrivent même pas à l'épaule. Il a l'air d'appartenir à une autre espèce animale que ses gardiens. Il y a la marque « Ost » cousue sur sa capote... Quand on veut tout régler dans la vie des gens, il faut bien aussi s'occuper de régler leur mort.

Du temps qu'on me soignait encore avec de l'aspirine à l'infirmerie du camp de Fischbach, des paysans charentais avaient pris une biche au collet, dans la neige. C'était trop facile. Et ça n'était surtout pas très malin. Les hardes

127

étaient amoureusement surveillées et comptées, l'hiver, par des gardes forestiers qui leur apportaient des bottes de foin ou de la paille. Les traces dans la neige fraîche — de la victime comme du braconnier — rendaient fort aisée l'enquête, d'autant plus que — comme tout chasseur fier de soi — celui-ci avait gardé un pied en guise de trophée dans ses affaires personnelles. Je ne sais pas ce qu'il est devenu, je ne l'ai en tout cas jamais revu à Fischbach.

Mais notre infirmier parisien, un étudiant en médecine sérieux et dévoué, accusé d'héberger des faux malades (puisqu'ils étaient assez bien portant pour chasser dans la forêt voisine) et de couvrir par surcroît leurs activités criminelles (puisqu'il n'avait pas dénoncé le coupable), a été emmené aussi. Celui-là est reparu quelques mois plus tard, juste avant mon départ pour la France. Il avait tellement changé que j'ai eu du mal à le reconnaître. Décharné, un léger tremblement dans les mains, les yeux comme emplis sans cesse de terreur au fond de leurs orbites agrandies, ne prononçant plus que de rares paroles, avec hésitation, et totalement muet sitôt qu'il s'agissait de ce qui lui était arrivé dans l'intervalle. Il ressemblait à cet officier anglais, dans un conte de Kipling, qui revient à Srinagar après avoir été prisonnier des Russes... A ses amis qui le pressaient de questions, l'ex-infirmier a fini par concéder cette seule phrase : « J'ai connu un autre genre de camp. »

C'était là encore, malgré tout, un camp dont on pouvait revenir. Au cours de cette année 1945, nous avons donc appris qu'il en existait aussi d'autres, que l'administration avait prévus pour des admissions sans retour. Mais, entre celui de Fischbach et ceux de la Nuit et du Brouillard, on pouvait sans doute trouver tous les intermédiaires, classés et répertoriés méthodiquement. Un détail, très secondaire, m'a tout de suite frappé, peut-être plus que de raison : tous étaient composés des mêmes baraques, qui abritaient les mêmes châlits... Plus troublant encore : celui où j'ai moi-même vécu avait auparavant servi pour héberger les congressistes qui défilaient dans les fêtes grandioses du régime, lors des *Reichparteitage,* dont les constructions écrasantes et pompeuses (de style typique hitléro-stalinien) se dressaient toujours à quelques kilomètres de là.

Bien que le bloc familial demeurât soudé comme par le passé, à ce détail près que ma sœur, fraîche diplômée de Grignon, travaillait à présent comme chef d'élevage dans une grosse ferme de Seine-et-Marne, le choc causé par la défaite allemande et l'éclairage inversé tombant soudain sur les systèmes se réclamant de l'ordre étatique n'a certainement pas été reçu de la même manière par tous les membres du clan. Pour mon père et ma mère, la situation demeurait aussi claire qu'auparavant et il n'y avait pas lieu de modifier les choix politiques. Ma mère refusait de croire, tout simplement. Quant à mon père, il déclarait avec calme que, si l'Allemagne avait gagné, elle aurait pu trouver tous les crimes de guerre souhaitables chez ses ennemis vaincus. Le droit international, c'est celui du plus fort. A tort celui qui a perdu. Le fait que la Russie soviétique, sur laquelle pesait déjà plus que des soupçons, se trouvait la bouche en cœur du côté de la vertu, pouvait évidemment justifier de tels aphorismes. Et il était normal aussi de se poser quelques questions quant à l'utilité humanitaire de ces deux bombes jetées à la dernière minute sur Nagasaki et Hiroshima.

Dès la libération de Paris, papa avait considéré avec dégoût la sarabande grotesque des F.F.I. de la onzième heure, et la veulerie du bon peuple qui se sentait subitement gaulliste et guerrier, avec le même enthousiasme qu'il avait mis naguère pour acclamer Pétain et l'armistice, comme ces mêmes filles — du prolétariat ou de la bourgeoisie — qui ouvraient aussitôt leur lit, aux draps encore moites, à de nouveaux soldats vainqueurs. Il y avait aussi la dégaine de ces G.I's américains mâchant leur chewing-gum, qui contrastait fort avec la raideur militaire de nos occupants, même en déroute, et — aux yeux de mon père du moins — d'une manière tout à fait fâcheuse.

Il ressentait tout cela, j'en suis sûr, comme s'il venait lui-même de perdre la guerre une deuxième fois. Tout ce qu'il détestait allait recommencer de plus belle : le laisser-aller, la démagogie, le profit individuel, la mascarade parlementaire, la « politique du chien crevé » (qui se laisse descendre au fil du courant, le ventre en l'air) et la dégringolade française. Il ne se répandait pourtant ni en insultes ni en jérémiades, mais je me souviens de cette simple prophétie : « Cette fois-ci, mes enfants, si on garde la Corse, on aura de la chance ! »

Il ne nourrissait pas du tout, envers les Américains, des griefs comparables à ceux dont j'ai parlé au sujet de l'Angleterre ; il éprouvait même pour ce peuple lointain une sorte de sympathie, qui datait peut-être de La Fayette et de la victoire commune contre l'ennemi anglais. Mais la façon dont l'aviation américaine avait négligé les détails en écrasant sous les bombes nos villes et villages de Bretagne ou de Normandie (la petite cité d'Aunay-sur-Odon, à cinq kilomètres d'ici, a été entièrement rasée « par erreur » le lendemain du départ des Allemands, alors que toute la population fêtait sa liberté nouvelle) lui laissait le sentiment que l'armée du Reich avait été vaincue surtout par une énorme machine industrielle, oubliant que les *Panzer-Divisionen* et la *Luftwaffe* avaient quatre ans auparavant joué un rôle assez comparable. Paradoxalement, les blindés allemands étaient portés au crédit du courageux redressement d'une nation travailleuse, alors que les tanks et bombardiers des Etats-Unis témoignaient de la seule (et détestable) puissance de l'argent.

J'avais vingt-trois ans, mais j'ai aujourd'hui l'impression bizarre d'être alors seulement sorti de l'enfance. On dit que les Bretons ne sont pas précoces. A la maison, où j'habitais de nouveau après l'intermède bavarois, il n'y a eu ni explications ni heurts. Cependant, sans même toujours m'en rendre compte de façon explicite, je voyais désormais les choses différemment. Tout en comprenant très bien les réactions de mon père ou de ma mère, il m'était maintenant impossible de les partager sur un certain nombre de points essentiels.

Le respect de l'ordre à tout prix, en particulier, ne pouvait plus m'inspirer qu'une forte méfiance, pour ne pas dire plus. On venait de voir où cela menait. S'il fallait accepter aussi cet envers-là de la médaille, c'était décidément payer trop cher. Car je ne crois pas, pour ma part, qu'Hitler ou Staline soient des accidents de l'histoire : même s'ils étaient cliniquement fous, ils représentent bel et bien, au contraire, l'aboutissement logique des systèmes qu'ils incarnaient. Et si vraiment il faut choisir entre ça et la pagaille, c'est sans aucun doute la pagaille que je choisis.

Je ne prétends pas cependant que le besoin idéologique d'ordre et de classement ait alors disparu d'un seul coup de mon esprit traumatisé. Ce besoin-là demeure toujours vivace en chacun de nous, à côté de l'aspiration vers la liberté — son contraire — que chacun possède aussi. Ce sont en nous deux forces antagonistes, qui entrent sans cesse en jeu l'une et l'autre, à la fois dans notre conscience et au plus profond de notre inconscient. Si les êtres humains diffèrent entre eux, dans ce domaine, c'est seulement à cause du dosage particulier que chaque individu représente, c'est-à-dire de la structure particulière que prend chez lui ce couple de torsion. Mon père lui-même me paraît avoir été un exemple caractéristique de cette contradiction intérieure jamais résolue : individualiste ombrageux, mais faisant à l'occasion des professions de foi fascisantes, anarchiste dans l'âme, mais partisan déterminé d'une monarchie absolue de droit divin (tempérée toutefois par le régicide), maréchaliste sincère — acceptant sans déplaisir de remplacer le « Liberté. Egalité. Fraternité » de la république par la devise de l'ordre nouveau « Travail. Famille. Patrie » — mais pourtant hostile d'instinct à tout embrigadement, quel qu'il fût.

C'est donc ce dosage en moi qui changeait : les deux forces irréconciliables ne travaillaient plus dans ma tête de la même manière qu'auparavant, et la tension nouvelle qui en résultait ne pouvait plus se traduire par des

132

positions aussi simples. Il n'était pas question de remplacer l'Institut de la statistique par le combat terroriste, ni même par l'agitation gauchisante. Mais l'expérimentation problématique de la matière romanesque et de ses contradictions s'imposait à moi tout naturellement (c'est aujourd'hui — je le précise encore une fois — que je perçois ainsi ma propre aventure) comme le champ le plus propice pour mettre en scène dans son déséquilibre permanent cette lutte à mort de l'ordre et de la liberté, ce conflit insoluble du classement rationnel et de la subversion, autrement nommée désordre.

La gauche bien pensante m'a beaucoup reproché, dans les années 50-60, le « désengagement » de mes écrits, et même leur « influence démobilisatrice sur la jeunesse ». C'est d'abord que je revenais de loin, et je ne me sentais pas nécessairement le mieux placé pour donner, à propos des institutions et de leur possible changement (révolutionnaire ou simplement réformiste), des leçons de morale à mes concitoyens sur la place publique, peu enclin à imiter en cela mes nombreux collègues ex-staliniens qui, au nom de leurs propres erreurs (d'ailleurs avouées le plus souvent du bout des lèvres), n'arrêtent pas de nous endoctriner à nouveau. Mais il y a plus. De même qu'on ne peut guère être resté au P.C.F. pendant vingt longues années (longues parce que semées d'embûches sans cesse renaissantes, et grouillantes de couleuvres) sans un militantisme à toute épreuve, c'est-à-dire un esprit partisan prêt à tout avaler, de même je crois déceler chez moi un refus très ancien de toute foi militante, *a fortiori* de l'engagement tel que Sartre l'a défini.

A l'époque déjà de ma soumission adolescente aux codes de l'ordre moral et de la droite politique, je crains de m'être toujours senti, peu ou prou, un amateur, un dilettante. Même mon nationalisme d'alors — le plus avouable des attributs traditionnels de la droite — me semble avoir été plutôt suspect. Je me rappelle que ma mère, qui vivait les événements avec beaucoup plus de passion et en parlait avec véhémence, m'avait reproché, au début de la guerre, d'avoir l'air peu atteint par l'avance foudroyante des Allemands en Pologne. Je m'étais défendu, mais elle devait avoir en un sens raison. Car en juin 40, au moment de la dramatique débandade de nos propres troupes, je me suis certes senti concerné, mais c'était peut-être encore, cependant, comme derrière une vitre.

Nous vivions à Kerangoff depuis la mobilisation générale, n'ayant pas regagné Paris pour la rentrée scolaire d'octobre, puisque les classes de mathématiques élémentaires ne devaient pas rouvrir leurs portes au lycée Buffon (ni d'ailleurs, je crois, dans aucun autre établissement parisien). Maman était redevenue tout à fait valide, heureusement, depuis qu'elle s'était fait « radiodiffuser » (selon l'expression paternelle aussitôt adoptée par nous tous : les idiolectes des petits clans fermés comportent nécessairement ainsi l'emploi systématique de mots inventés ou détournés de leur sens). Et, si elle passait encore une partie de la nuit à lire les journaux, réexpédiés de Paris par papa, elle déployait tout le reste du temps une activité considérable, dirigeant et nourrissant la maisonnée entière, qui comprenait, outre grand-mère, marraine (qui faisait les courses), ma sœur et moi, nos deux cousins germains réfugiés comme nous au lycée de Brest, et encore un ami de notre âge qui avait pris pension chez nous.

(Après la guerre, l'énergie souvent en sommeil de notre mère a trouvé un nouveau terrain lui permettant de s'épanouir, et à Kerangoff encore une fois : elle a entièrement conçu et dirigé seule la reconstruction à neuf de la vaste maison familiale, qui avait été presque totalement détruite par les bombardements alliés, « sinistrée à cent pour cent » selon l'expertise des services départementaux. Maman préférait, disait-elle, les grandes entreprises aux menus travaux quotidiens. Elle s'y sentait plus à son aise.)

Non, je n'étais pas indifférent, ce n'est pas ça du tout qui demeure dans mon souvenir. Mais sans doute, profondément, ça n'était pas moi qui me trouvais en train de perdre cette bataille. Habitué de longue date à penser que nos gouvernants étaient des fantoches, nos généraux actuels des incapables et notre armée démolie par le Front populaire, j'avais bien du mal à ressentir tout à coup une solidarité entière avec une France si totalement récusée. J'étais seulement condamné à recevoir ce que d'autres avaient mérité depuis longtemps pour moi. Bien sûr, je ne pouvais pas prétendre avoir tenté quoi que ce fût dans l'autre sens ; mais, à dix-sept ans, qu'aurais-je donc dû faire ? Les informations bêtement rassurantes diffusées par les instances officielles ajoutaient encore à ce sentiment d'impuissance et d'abandon. On nous mentait comme à des enfants.

Il est probable que la conviction bien ancrée en moi de faire partie d'un tout petit groupe absolument inassimilable à l'ensemble de la masse, croyance développée à l'extrême par l'idéologie du clan (les gens nous accusaient, nous les Robbe-Grillet, de considérer le reste du monde comme un ramassis d'imbéciles), ne favorisait guère non plus la soudaine union nationale qu'on réclamait de moi. Il y avait enfin l'éloignement des champs de bataille. Ce bout du Finistère se trouvait à des lieues et des lieues de la Vistule. Le Rhin, la Meuse ou la Somme étaient à peine un peu plus près. Je vivais ailleurs. Je travaillais bien en classe (« nettement le premier », dit mon livret scolaire, mais apprendre m'a toujours passionné, me passionne encore), je faisais consciencieusement mes devoirs à la maison, je passais mes examens avec succès... J'étais une zone démilitarisée, un observateur solitaire et sans mandat, oublié dans une ville ouverte...

La guerre est arrivée brutalement sur nous, et cela sous une forme inattendue : papa, déposé en plein midi à la barrière du jardin par un chauffeur militaire, dans une voiture éreintée dont la carrosserie, grossièrement repeinte en gris terne pour être moins aisément repérable par les avions ennemis, était néanmoins trouée en plusieurs points par les larges impacts obliques des mitrailleuses de Stukas. Papa était pâle, et il laissait voir sa nervosité naturelle beaucoup plus que de coutume. Il racontait en petites phrases sèches et blanches, le plus brièvement possible.

Après avoir incendié dans la cour du ministère les inutiles archives de notre armement, il était parti en convoi vers le sud, perdu bientôt dans le flot de l'exode où civils ni soldats ne savaient même plus vers quoi ils avançaient. Les ponts sur la Loire étaient détruits, il fallait en chercher un autre plus à l'ouest. Sentant qu'il ne servirait plus à rien au milieu de cette débâcle dont il contribuait seulement à accentuer la confusion, il avait alors décidé de rejoindre Brest et les seuls êtres dont il se sentît chargé, ce qui avait été relativement plus commode, ces routes-là étant beaucoup moins encombrées de fuyards. Abandon de poste ? Mais il n'y avait plus de poste ! De toute façon, notre père avait une fois déclaré qu'il aurait été capable de n'importe quoi, même de tuer, pour la sauvegarde de sa propre famille.

Il disait aussi, ce jour-là, que la guerre était perdue, irrémédiablement, que nous n'avions plus ni matériel, ni armée, ni alliés, ni recours d'aucune sorte... Par moment, les mots n'arrivaient plus à passer dans sa gorge contractée — par l'angoisse, ou par les larmes refoulées de la défaite, ou par l'émotion de nous avoir en tout cas retrouvés. Maman répétait : « Tu es sûr ? » Elle ne voulait pas croire que c'était fini, qu'il n'y avait plus de réaction possible, ni de miracle à attendre... Elle pleurait d'indignation... Le chauffeur est reparti avec l'automobile en loques pour essayer, à travers les colonnes allemandes, de retrouver son propre foyer. Qu'on ne s'étonne pas que le maréchal Pétain soit apparu comme une étoile, au milieu d'un tel désastre.

Ce fut donc l'occupation, omniprésente mais sans tapage, bien huilée, extérieurement assez discrète mis à part quelques défilés en musique à flonflons, considérés plutôt comme un peu comiques. Les soldats allemands étaient polis, jeunes, souriants ; ils donnaient l'impression de sérieux, de bonne volonté, presque de gentillesse, comme s'ils voulaient s'excuser d'être entrés ainsi, sans être invités, sur notre paisible territoire. Ils respiraient la discipline et la netteté. (Les très rares violeurs ou pillards avaient été aussitôt sévèrement punis par leurs supérieurs.) Qu'ils soient habillés de vert ou de noir, les gens regardaient au début comme des bêtes curieuses ces grands garçons blonds qui buvaient de l'eau et qui savaient chanter en chœur. L'un d'eux, sur une large affiche de propagande (qui avait remplacé le « Nous vaincrons parce que nous sommes les plus forts » de Paul Reynaud), aidait une petite fille à traverser la rue en la tenant par la main ; la légende disait « Faites confiance au soldat allemand ». Il est certain qu'en 1940-41 cette image et ce texte n'apparaissaient pas du tout comme une scandaleuse provocation. Si l'on n'a pas connu cette période, il est difficile de comprendre que le fameux roman de Vercors, imprimé clandestinement par les Editions de Minuit, était un livre de résistance. Les gens répétaient : « En tout cas, ils sont corrects. » La France profonde poussait un ouf de soulagement.

Et à moi aussi, sans doute, cette mise hors jeu convenait somme toute assez bien. Nous n'étions plus ni d'un bord ni de l'autre, débarrassés des Anglais mais sans engagement réel aux côtés de l'Allemagne. Grâce au Maréchal, nous étions tout à coup miraculeusement devenus un pays neutre, comme la Suisse... Encore mieux même : désarmé ! Nos sympathies éventuelles pour un camp ou pour l'autre se trouvaient comme mises entre parenthèses ; nos opinions, même passionnées, ne représentaient plus qu'un sujet pour des discussions amicales, en famille ou au café du coin, ou pour des échanges de mots aigre-doux entre voisins de palier hargneux.

Je pouvais tranquillement continuer à être un amateur

désintéressé, un témoin en congé sans solde. L'occupation, c'était un peu comme la « drôle de guerre » : il se passait des choses terribles à travers le monde, et qui risquaient d'avoir une importance capitale pour notre avenir, mais jusqu'à nouvel ordre nous en étions exclus. Nous ne connaissions tout cela que de loin, par des journaux qu'il fallait le plus souvent savoir lire entre les lignes et par des radios dont le caractère partisan, lourdement catéchiseur, n'était même pas voilé. L'attentisme prêté à Pétain (les vrais collaborateurs le lui reprochaient assez) prenait des allures à la fois de sagesse politique et de vocation nationale.

Que faire d'autre ? Reprendre courageusement le combat, dans la clandestinité ou en traversant la Manche, afin d'aider l'Angleterre à nous délivrer un jour ? Nous engager dans la dure croisade européenne contre l'hydre communiste ? J'ai connu quelques rares garçons qui se lançaient à l'aventure dans l'une ou l'autre de ces causes. Ils passaient davantage pour des baroudeurs que pour des héros. Comme dirait un personnage de Samuel Beckett : « Ne faisons rien, c'est plus sûr ! »

La famille était revenue à Paris. Pendant deux ans, j'ai préparé le concours de l'Agro, au lycée Saint-Louis, dans la même classe que ma sœur ; et je suis entré à l'école dans un bon rang à l'automne 1942. Brest interdit, nous passions désormais nos étés à Guingamp chez notre tante, Mathilde Canu, qui enseignait l'arithmétique dans un collège de la ville. Tout autour, c'était le bocage, la vieille terre bretonne où croît le chêne et la fougère. Un souvenir parmi d'autres : la petite rue où nous habitions menait au cimetière, un détachement de soldats vert-de-gris passe sous nos fenêtres et s'éloigne dans cette direction ; les six premiers portent un cercueil, sur leurs épaules, les autres suivent au pas de l'ours, pesamment marqué par leurs lourdes bottes sur les pavés inégaux et luisants de la chaussée. Ce ne sont plus les beaux jeunes hommes de l'invasion, mais des réservistes, sans doute peu aptes à endurer les épreuves du front oriental. Ils chantent à l'unisson « J'avais un camarade... » d'une voix basse et lente, totalement désespérée. Il tombe sur la maigre colonne, qui poursuit son chemin dans l'axe de la rue, et sur la ville entière une petite pluie fine, sans issue, qui ajoute sa note celtique à la nostalgie du vieux chant d'outre-Rhin en mémoire des compagnons morts.

La capitale n'était par très gaie non plus, mais elle aussi était vide de toute automobile, et silencieuse, ce qui lui conférait une beauté nouvelle. Et l'on ne peut pas dire que les troupes allemandes l'aient encombrée de patrouilles ou de touristes : elles avaient évidemment autre chose à faire. Le piéton parisien jouissait dans cette vacance d'une sorte de liberté : celle des étendues désertiques, ou de l'abandon, ou du sommeil. Nous faisions de grandes marches sans but à travers la cité fantôme. Une fois nous avons aussi, mon père et moi, poussé une voiture à bras de location d'un bout à l'autre de la ville, pour ramener chez nous un providentiel sac de charbon. Car, dans les maisons, le problème du froid s'ajoutait, l'hiver, à celui constant de la nourriture raréfiée, l'ensemble des vulgaires soucis vitaux prenant bien souvent le pas sur tout le reste. Papa se consacrait corps et âme à la subsistance matérielle du clan.

Une fois reçu à l'Agro, assuré enfin du bon achèvement de mes longues et coûteuses études, j'ai travaillé avec un peu moins de conviction, ou plutôt j'ai choisi les matières qui m'intéressaient (comme la biologie végétale, la génétique, la chimie biologique, la géologie...), négligeant tout à fait les autres (machinisme agricole, construction rurale ou technologie industrielle). J'allais beaucoup au concert, ainsi qu'à l'opéra. Là, il y avait certes de nombreux officiers allemands, et même une majorité aux fauteuils d'orchestre de certaines salles prestigieuses, au palais Garnier tout spécialement. Mais ils ne me dérangeaient pas : c'étaient des auditeurs bien silencieux, presque transparents dans leurs raides uniformes ; et n'aimions-nous pas la même musique, eux et moi : Bach, Beethoven, Wagner, Debussy, Ravel ? De toute façon, les places qu'ils occupaient étaient beaucoup trop chères pour mon modeste argent de poche : paradoxalement, c'est moi qui les regardais d'en haut.

A l'Institut agronomique, il y avait des « cercles », petits groupes d'élèves s'intéressant aux mêmes distractions : cercle de bridge, d'échecs, de danse ou de cheval. Avec quelques amis dont le futur peintre Bernard Dufour, nous avions ainsi créé le « cercle musical de l'Agro » ; mais, comme la majorité de ses membres étaient ouvertement pétainistes, nos camarades de promotion, qui affectaient de nous considérer comme d'affreux collaborateurs, nous appelaient — amicalement d'ailleurs — le « groupe K ». Depuis l'entrée en guerre des Etats-Unis et les difficultés allemandes sur le front de l'Est, les gaullistes devenaient plus nombreux. Mais tout cela restait du domaine spéculatif et n'entraînait aucune haine ni cloisonnement réel entre les partis opposés.

Un jour pourtant, j'avais par gaminerie (j'ai toujours pris plaisir à exaspérer mes condisciples) chipé une liasse de documents que deux élèves « anglophiles » collationnaient avec des airs mystérieux tout en haut de l'amphithéâtre. Stupeur : c'étaient des plans détaillés concernant les défenses fortifiées de Paris ! A leur mine soudain anxieuse, j'ai vu qu'ils jouaient donc à la résistance d'une façon plus active — sinon plus efficace — que je ne l'aurais cru. J'ai été encore plus étonné quand j'ai compris qu'ils craignaient de ma part une possible dénonciation. Je leur ai rendu aussitôt les papiers compromettants. Ce geste, tout naturel de mon point de vue, m'a valu de bénéficier d'une semblable indulgence lorsque, à l'automne 44, en pleine épuration hystérique, j'ai retrouvé sur les bancs de l'école, pour notre seconde et dernière année d'études, mes camarades maquisards, ou seulement planqués.

C'est à la fin du printemps 43 que tous les élèves nés en 1922 ont reçu des convocations individuelles pour le S.T.O., le service du travail obligatoire. Censé remplacer le service militaire dont cette « classe 42 » se trouvait par force exempte, mais n'admettant aucun sursis pour les étudiants, même à quelques mois de leur diplôme, cette mobilisation civile prenait pour prétexte la « relève » de nos soldats : nous allions travailler en Allemagne pour y remplacer les prisonniers de guerre qui pourraient ainsi, grâce à nous et homme pour homme, rentrer chez eux après trois ans de captivité.

Y avons-nous cru ? Sans doute un peu. C'était en tout cas un attrape-nigauds. Mais le vieux maréchal nous le demandait. Dans les journaux, on voyait des photographies édifiantes où la famille d'un soldat accueillait avec des larmes de bonheur le père et l'époux rendu à son foyer après une si longue absence. On nous promettait en outre des emplois dans l'agriculture, d'où viendraient justement une grande partie des prisonniers libérés. Nous pouvions donc considérer ce séjour forcé comme une sorte de stage pratique, comparable à celui que nous avions déjà accompli l'année précédente, sous le nom de service civique rural et dans des fermes françaises, entre les épreuves réussies du concours et le début du programme d'études. Le directeur de l'Institut agronomique est venu en personne dans le grand amphithéâtre, devant les deux promotions rassemblées pour la circonstance, afin de nous exhorter à partir. Je me rappelle sa péroraison : « Allez en Allemagne, jeunes gens, vous connaîtrez un grand pays. » A la Libération, il était un résistant de longue date et a donc conservé son poste sans problème. Et sans aucune gêne non plus, il nous a de nouveau accueilli à l'école, avec un discours de circonstance.

Le groupe K, bien sûr, s'est laissé faire. Mais beaucoup d'autres aussi. Se sont dérobés surtout ceux qui, bénéficiant de fortes attaches paysannes, avaient l'espoir de trouver dans des provinces campagnardes des conditions plus favorables de survie semi-clandestine. Nous, les enrôlés, recevions en échange de notre soumission un billet de train pour la Bavière, une paire de galoches neuves, une boîte de sardines à l'huile et un ticket pour aller entendre Edith Piaf dans je ne sais plus quelle immense salle parisienne... Nous partions relever les prisonniers, Piaf chantait pour nous, Pétain souriait sous sa moustache blanche... J'ai chaussé les galoches, j'ai rapporté les sardines à maman et j'ai écouté sagement

Edith Piaf, minuscule et pathétique, très loin là-bas, derrière des rangées et des rangées de fauteuils occupés par les requis en partance.

A la suite de quoi, avec les autres agros et grignonnais, je me suis retrouvé à Nuremberg, la ville de Hans Sachs et des Maîtres chanteurs, ouvrier tourneur dans une usine d'armement lourd qui fabriquait en particulier les célèbres chars *Panther*. Mais, pendant les deux mois d'apprentissage, nous y étions presque en vacances. Le travail ne commençant pour les novices qu'à la mi-journée, nous avions nos matinées libres dans les forêts de pins et les prairies avoisinant le camp. A l'aide des provisions envoyées tant bien que mal par les familles, on jouait à faire la cuisine, pour le déjeuner, sur des petits fourneaux de plein air improvisés autour des baraques. A l'usine, les cours théoriques consistaient à nous inculquer des rudiments de mathématiques, qui concernaient évidemment davantage nos camarades yougoslaves, dont le niveau de connaissances en la matière n'était pas exactement celui d'élèves ingénieurs d'une grande école. De toute manière, notre instructeur, qui était turc (et dont le prétendu domaine linguistique devait être à l'origine de ce mélange, à première vue bizarre, que comportait la classe), nous parlait dans une langue si étrange — directement calquée sur les structures grammaticales germaniques, avec en outre un lexique admettant une part prépondérante de mots allemands plus ou moins gallicisés — que nous ne distinguions pas toujours à quel moment il passait du français au serbo-croate. Heureusement, certaines phrases revenaient chaque jour identiques et nous finissions par en assimiler le fonctionnement.

144

Voici, par exemple, le début rituel de tout développement concernant l'usage du tour automatique : « Le premier, normal, que faites-vous ? Ci, messieurs, recevez-vous matérial en patin-foutre... », c'est-à-dire : vous commencez par fixer la pièce dans le mandrin. Le mandrin s'appelle en allemand *Patten-Futter* ; quant au verbe recevoir, *bekommen,* qui joue dans le langage courant un rôle passe-partout un peu comparable au *to check* américain, notre professeur en faisait un emploi d'autant plus étendu qu'il manquait singulièrement de vocabulaire.

Mais assez vite, jugeant avoir subi trop longtemps déjà notre incompréhension ricanante, il préférait se consacrer à la moitié serbe de l'auditoire. La phrase clef, nous avertissant que le cours en « français » venait de prendre fin, était : « Ci, messieurs, reprenez-vous privat travail », ce qui signifiait donc l'autorisation de poursuivre, en toute tranquillité désormais, la rédaction des lettres à nos parents. (Les miennes, longues et détaillées, doivent être rangées, elles aussi, dans le grenier aux poutres trop basses de Kerangoff — territoire favori de nos yeux enfantins, les jours de pluie — en compagnie des tendres et illisibles comptes rendus quotidiens adressés par mon père à maman durant leurs éloignements temporaires, saisonniers ou fortuits, et aussi des plus anciennes et plus rares missives — les courriers maritimes n'étaient guère fréquents à la fin du siècle dernier — expédiés par grand-père Canu de Chine, du Tonkin, ou de Valparaiso.)

Aussitôt après, le signal « *Akotomaserbé* » réveillait l'autre côté de la salle ; mais nous pouvions imaginer, aussi bien, qu'il s'agissait encore de notre langue mal prononcée : « Ecoutez-moi, Serbes ! » Ne jamais être sûrs de comprendre vraiment ce qui se passe, interpréter sans cesse, accepter la supposition, le doute, l'ambiguïté, la coupure, comme relation normale avec le monde réel, faisait à présent partie de notre existence, et aussi, en un sens, de son attrait exotique. C'était en somme mes premières vacances à l'étranger, puisque la frontière du pays vaudois n'avait auparavant créé que peu de dépaysement linguistique.

Pour nos travaux pratiques, avec les outils de serrurerie cette fois, ou ensuite sur les machines, le contremaître de l'atelier était d'une telle bienveillance, désabusée, qu'il acceptait avec un sourire d'impuissance de pointer pour nous à l'heure juste nos fiches de présence sur l'horloge automatique, lorsque nous voulions, Dufour et moi, quitter l'usine plus tôt pour ne pas manquer le début d'un concert. « *Franzoz, grosse Lump !* », concluait-il avec philosophie, ce qui m'a permis en particulier d'entendre à la Katherinenkirche — ravissant décor aménagé pour la musique de chambre dans une petite église baroque toute blanche et dorée — l'intégrale des sonates pour piano et violoncelle de Beethoven.

J'avais vraiment l'impression, faite de légèreté, d'absence et de suspens, de n'être qu'un touriste. Le maniement des limes, de l'étau, du tour ou de la perceuse m'apparaissait d'autant plus comme un jeu que j'aime le travail manuel et que, même, je m'étais mis à fabriquer pour mon plaisir des pièces d'échecs en acier, entreprise restée inachevée, hélas, comme beaucoup d'autres. Mais si, quelques semaines plus tard, intégré maintenant aux chaînes de fabrications et soumis aux cadences forcées

146

qui ne laissaient pas un instant de repos ou de rêverie, debout chaque jour devant mon tour rectifieur pendant deux fois cinq heures et demie d'affilée, pour y poncer à cinq centièmes de millimètres près — sans écart ni invention possibles — les monstrueux axes vilebrequins des chars d'assaut (si pesants qu'il fallait un palan électrique pour les soulever), mon existence avait certes changé brusquement du tout au tout, le sentiment profond de ne me trouver là qu'en touriste persistait néanmoins avec la même force.

La vie d'un O.S. est désespérante, pourtant le désespoir ne pouvait à aucun moment m'effleurer : je n'étais que de passage, sans lien réel d'avenir ni de mémoire avec cette usine, sans but, sans autre raison que fortuite, par erreur pour ainsi dire. Et quand, le samedi soir, une affichette à croix gammée, collée au-dessus des horloges pointeuses, nous avertissait que le dimanche ne serait pas chômé, ... pour la patrie allemande, l'effort de guerre, la victoire finale, etc., j'en traduisais tant bien que mal le texte jusqu'à la conclusion en caractères gras : « C'est ton Führer qui te le demande ! » sans avoir un instant conscience d'être concerné en quoi que ce fût. Bien sûr, il me faudrait travailler toute la journée du lendemain comme mes compagnons de chaîne, Bavarois, Souabes ou Franconiens, mais, contrairement à eux — et la différence se lisait sur leurs mines défaites — je ne me sentais en aucune façon engagé dans cette affaire, parce que ce travail n'aurait jamais dû être le mien : je n'étais pas un vrai ouvrier, je n'étais pas allemand, ce n'était pas mon Führer ; et cette éventuelle victoire, en tout état de cause, ne serait pas non plus la mienne.

Je voyais autour de moi bien des camarades qui me paraissaient, à l'évidence, infiniment plus aptes à entrer aussitôt dans la peau du personnage qu'on leur faisait ainsi jouer, impromptu, quelquefois même des gaullistes déclarés qui travaillaient dans cette entreprise de guerre ennemie avec une conviction dont je me trouvais pour ma part tout à fait dépourvu, ce qui me faisait prendre mieux la mesure de l'*étrangeté* fondamentale de ma propre relation au monde, plus grave sans doute que le simple constat d'une expatriation. Alors que, sans esprit de sabotage, sans la moindre mauvaise volonté, je ne suis jamais parvenu à usiner correctement le nombre de pièces requis par la norme (je suis adroit de mes mains, sauf avec les machines), ceux-là, en quelques jours, étaient devenus de véritables tourneurs rectifieurs, ou fraiseurs, ou n'importe quoi d'autre.

Une fois, en séjour à l'infirmerie, où je lisais avec ravissement *Les aventures de Julio Jurenito* d'Iliya Ehrenbourg première manière (le stock de livres au rebut qui constituait la bibliothèque française du camp semblait provenir essentiellement des autodafés nazis), j'ai voulu apprendre à un jeune paysan français qui devait être renvoyé au travail, pour cause de guérison, comment régler de façon précise l'indication des thermomètres médicaux, en frottant avec délicatesse le réservoir de mercure, à l'aide d'une chaussette en laine. Mais le garçon m'a répondu qu'il préférait retourner sur sa machine, à cause de « la femme et les gosses qui crèvent de faim à La Roche, Indre-et-Loire », alibi doublement absurde puisque le système d'assurances sociales, très élaboré pour l'époque, lui aurait permis de toucher le même salaire en tant que malade, et que d'autre part — je l'ai appris ensuite — il n'avait ni femme ni enfant. Il attendait avec espoir le débarquement des alliés, mais il adhérait trop, déjà, à sa situation d'ouvrier allemand. Il s'ennuyait de son aléseuse.

Le sentiment d'extériorité tout au contraire — et presque d'exterritorialité — que j'éprouvais avec tant d'insistance (demeurer en dehors du coup, être là par hasard, à la suite de quelque malentendu prêtant plus à sourire qu'à dramatiser), je le conservais même la nuit lorsque les sirènes d'alarme, aussitôt suivies par le lourd ronflement des bombardiers, nous arrachaient à notre précieux sommeil et qu'il fallait sauter sans perdre une minute du haut de nos châlits, pour quitter les baraques dont quelques-unes bientôt flamberaient. Le ciel était tout illuminé par des grappes d'objets incandescents qui descendaient vers nous avec lenteur (pour éclairer les cibles ?) en répandant une vive lueur rose, sur laquelle claquaient les brefs éclats blancs de la D.C.A., tandis que les forêts de pins en flammes (« ici ne fument que les incendiaires ! ») coloraient déjà d'un orangé fuligineux plusieurs larges secteurs de l'horizon.

Sans doute le fait que nous n'étions pas en ville accentuait encore l'effet de spectacle. Le camp était jonché de bâtonnets au phosphore qui fusaient au ras du sol comme des pièces d'artifice avortées. Et même lorsque le sifflement des grosses bombes nous jetait à plat ventre sur l'herbe rase, dans l'attente du sourd fracas de l'explosion finale, qu'on imagine toute proche tant la terre donne l'impression de trembler, c'était à nouveau, en dépit du danger, comme si le fait d'être là par erreur eût joué un rôle déterminant dans ma sauvegarde : je n'étais pas en guerre avec ces avions-là, ce n'est pas moi que leurs bombes visaient, même si je devais y laisser ma vie, je n'en continuerais pas moins à figurer en surnombre dans le tableau des dégâts : un mort en trop, comme j'étais un ouvrier métallurgiste fantôme, comptabilisé par mégarde dans les statistiques de production.

Peut-être au matin seulement, de retour dans la cité meurtrie, je ressentais davantage comme la perte de quelque chose, l'abandon pour toujours d'un morceau de moi, ou du moins une sympathie douloureuse — bien qu'inutile dans son impuissance et donc sans contenu pratique — devant les décombres informes d'une coquette église baroque amoureusement entretenue depuis des siècles, ou les restes calcinés des grandes maisons en bois aux balcons fleuris, datant du Moyen Age, qui bordaient l'eau claire de la Pegnitz. C'était, chaque nuit, un peu de la vieille Europe qui s'en allait ainsi, en poussière ou en fumée... Mais la nostalgie des ruines — même récentes — ne fait-elle pas aussi partie des ingrédients traditionnels du voyage hors de nos habitudes ?

Et c'est encore cette sensation de n'être qu'un visiteur derrière sa vitre, isolé, bien à l'abri, que je retrouve peu d'années plus tard au camp de Divotino, dans les vertes collines de Bulgarie, au milieu du maïs et des grands tournesols en fleurs, quand, en compagnie de Daniel Boulanger (dont j'avais fait la connaissance à Prague un mois plus tôt lors d'un vaste congrès bidon, dit « de la jeunesse démocratique ») et de Claude Ollier (rencontré à Nuremberg au cours de l'été 43), volontaires tous les trois dans les « Brigades internationales de reconstruction », je manie cette fois la pioche et la pelle de terrassier sur la future ligne du chemin de fer Pernik-Volouïek. J'ai raconté dès mon retour, dans un texte paru vers 1950 au sommaire d'un périodique pour ingénieurs et repris en 1978 par la revue *Obliques,* l'absurdité totale du travail accompli sur ce chantier, l'épais mystère qui planait sur le mode de recrutement des jeunes « brigadiers » bulgares, les discours radoteurs de la propagande marxiste-léniniste (pour la paix, bien sûr, et l'amitié des peuples), ponctués par notre chœur scandé, ressassant jusqu'au fou rire le nom des héros « Staline ! Thorez ! Tito ! Dimitrov ! » et le fossé de plus en plus profond qui se creusait, au sein de la délégation française, entre les vrais militants communistes et les autres. Que ce soit vers la droite ou vers la gauche, mes tentatives d'engagement ne me réussissaient décidément pas.

Dans ce même numéro d'*Obliques,* François Jost a réuni quelques pièces à conviction — photographies, coupures de presse, citations de livres, etc. — concernant un autre épisode biographique où je prends, de nouveau, une distance notable (anormale ?) vis-à-vis d'un événement — celui-ci fortement dramatique — que je suis en train de vivre. Il s'agit d'un accident d'avion. Je me trouvais avec mon épouse dans le premier Boeing 707 appartenant à Air-France qui s'est écrasé au sol : le Paris-Tokyo, juste au décollage après l'escale de Hambourg. C'était le tout début des vols polaires, pendant l'été 61.

Interrogé au téléphone par un journaliste de l'A.F.P., à l'hôtel Atlantic où l'on avait logé les passagers indemnes qui désiraient poursuivre leur voyage par le prochain long-courrier, j'ai relaté aussi précisément que j'ai pu ce dont je venais d'être le témoin, assis contre un hublot bien situé, tout à fait à l'arrière : l'appareil qui ne décolle pas dans l'axe de la piste, le bord herbu de gauche se rapprochant de plus en plus vite alors que l'on roule encore, l'aile qui s'incline brusquement de ce côté, un des réacteurs qui heurte le sol et prend feu, l'avion qui bascule dans l'autre sens en arrachant son train d'atterrissage, ainsi qu'un second réacteur, mais poursuit néanmoins sa course sur le ventre dans un terrain qui n'est plus plat du tout, etc.

Les restes du fuselage, coupé transversalement en trois tronçons, se sont immobilisés en forme de Z. Des flammes d'au moins vingt mètres de haut s'élèvent des réservoirs à kérosène. Placés tous les deux vers la queue de l'appareil, nous nous retrouvons, Catherine et moi, sans une égratignure, dans un bout de cabine à demi enterré. Stupidement, je m'attarde à rechercher son sac à main — alors qu'il ne contient rien de précieux — parmi les fauteuils dont la plupart se sont détachés de leur support, tandis que des hôtesses hurlent à l'extérieur : « Courez ! Ça va exploser ! » Mais les Japonais en chaussettes, qui se hâtent dans la terre collante parmi les fragments et débris divers, se retournent cependant à plusieurs reprises vers le brasier, pour prendre les photos qui constitueront le sommet incontestable de leur excursion en Europe.

Un peu plus tard, alors que les ambulanciers ont à peine fini de dégager les blessés graves (il n'y a pas eu de mort, car l'avion était presque vide, tous les sièges se trouvant par chance inoccupés aux différents points de rupture), que les pompiers ne sont pas encore sûrs d'avoir éteint les multiples foyers (l'explosion n'a pas eu lieu, en définitive) et qu'une épaisse fumée noire jaillit toujours en volutes tourbillonnantes au-dessus de la neige carbonique répandue à profusion, une petite camionnette d'Air-France vient se ranger contre les tôles, un peintre en blouse blanche descend, très professionnel, déplie son échelle coulissante, l'appuie contre la carlingue déglinguée, gravit les barreaux avec son matériel et se met tranquillement à effacer au pinceau le trop célèbre hippocampe de la compagnie. Le Boeing en morceaux est à peu près identifiable, pour un amateur averti, mais tous les 707 se ressemblent et personne n'a besoin de savoir, parmi les passagers qui décollent à nouveau sur la piste et ouvrent de grands yeux vers ses restes inquiétants, à qui celui-ci appartenait.

Le peintre, les pompiers, les ambulances... Une autre voiture encore est arrivée, parmi les premières à se frayer un chemin à travers la lande non carrossable bordant l'aérodrome, celle dite du réconfort aux survivants : une fourgonnette gris-bleu entièrement tapissée à l'intérieur par des étagères garnies de verres ballons... Le barman secouriste, lui, tremblait si fort de saisissement qu'il versait à côté la moitié de son cognac... Une image encore, qui reparaît avec insistance : la pente chaotique qu'il fallait gravir après avoir franchi la porte grande ouverte, pour sortir de ce trou où nous étions enfouis, où sont restées enlisées les chaussures à talons de Catherine...

Mon journaliste, au bout du fil, estime sans doute que

je manque singulièrement de talent dans le sensationnel : mon rapport lui semble à juste titre assez objectif mais plutôt plat, alors que son rôle à lui serait de faire mousser le plus possible l'accident. Il place donc sans hésiter dans ma bouche, pour le communiqué diffusé le lendemain matin par tous les correspondants de l'agence France-Presse, un récit totalement différent, bourré de métaphores grandiloquentes et d'émotion stéréotypée. Je lis cela deux jours plus tard, au Japon, et ça me fait plutôt rire. Mais voilà qu'au bout d'une semaine mon affaire est devenue, sur une page entière de *l'Express,* un prétendu scandale littéraire. Malgré le ton canularesque de l'article, on sent très bien que son signataire pense vraiment que je me serais à cette occasion démasqué, la narration qu'on me prête (et qu'il feint de croire authentique, bien qu'il ait été lui-même pendant de longues années reporter de magazine à fort tirage et connaisse donc les mœurs peu scrupuleuses de la profession) prouvant que mon écriture de romancier n'est qu'artifice et mensonge puisque, sous le coup de la peur, je me mets soudain à parler comme tout le monde et je fais « purement et simplement le récit de l'accident » !

Parler purement et simplement, c'était donc ceci : « Dans un vacarme d'enfer, l'avion quitta la piste et se mit à labourer le champ, à grands sillons, comme une charrue », etc. Même parmi les rédacteurs de *l'Express,* je ne vois pas qui pourrait s'exprimer de cette façon dans la vie courante, fût-ce en débarquant d'une catastrophe aérienne. Mais le plus drôle apparaît lorsque, plusieurs mois après, sort en librairie *L'œuvre ouverte,* essai passionnant sur la littérature moderne dans lequel Umberto Eco, avec des arguments d'ailleurs tout à fait pertinents (le langage de l'écrivain, dit-il, n'est pas le même que celui dont il se sert pour la communication quotidienne), prend nommément ma défense contre le pamphlétaire sarcastique, accréditant ainsi de façon définitive ma paternité entière du texte délirant de l'A.F.P., ainsi que le trouble profond qui en aurait été chez moi la cause.

Si je m'attarde à reprendre ici les stades successifs de l'aventure, c'est d'abord pour faire remarquer, une fois de plus, que la descendance du pire Zola est donc censée, aux yeux du grand public et à en croire ses porte-parole officiels, représenter la façon la plus naturelle de parler, comme d'écrire. Mais c'est aussi pour m'interroger sur mes réactions effectives au moment de ce décollage manqué. D'une part je suis certain d'avoir eu les sens assez en éveil pour suivre de seconde en seconde, derrière ma vitre, les différentes phases de l'accident. D'autre part je prétends que tout cela va beaucoup trop vite pour qu'on ait le temps d'avoir peur. Mais Catherine, qui s'était assise deux ou trois rangs plus loin, vers l'avant, et ne se trouvait pas à proximité immédiate d'un hublot, préférant un livre au paysage, affirme au contraire que la durée d'une telle série de chocs est interminable, et que la peur ressentie au cours de ces instants dilatés l'a poursuivie ensuite de longues années durant.

De fait, après avoir accepté, probablement sous drogue administrée d'office, de repartir dès le lendemain vers Tokyo par les airs (nous n'avions pas le loisir, cette fois-là, d'y aller par le Transsibérien, car il fallait être rentrés pour le festival de Venise, où se jouerait le sort de *Marienbad* dont c'était la dernière chance), puis en être revenue avec moi par petites étapes jusqu'à Rome, via Hong-Kong (secoués par un malencontreux typhon au-dessus de la mer de Chine), Bangkok, Delhi et Téhéran (où vivait toute sa famille paternelle), ayant de plus en plus peur à chaque nouveau trajet, même si l'appareil était plus immobile — telle la flèche de Zénon — que le moins agité des métros parisiens, parvenant même à me communiquer son angoisse par contagion osmotique, elle a dû renoncer pendant dix ans à prendre l'avion, ce qui nous a permis de traverser en chemin de fer l'ancien et le nouveau continent, sous toutes les latitudes, ainsi que de sillonner les océans du Sud comme du Nord sur les luxueux transatlantiques aujourd'hui défunts.

Lors d'un de nos derniers passages New York-Cherbourg, à bord du géant mais déjà industrialisé *Queen Elisabeth II,* un incident de parcours reproduit à nouveau les mêmes éléments de réflexion : danger, spectacle immédiat, déception sensible des journalistes devant toute relation dépourvue de pathos, distorsions métaphoriques du récit dramatisé visant à l'émotion des masses. Nous sommes en mer, Catherine, ma sœur Anne-Lise et moi, au troisième jour de la traversée, sensiblement à égale distance de l'Amérique et des côtes de France. Nous sortons du cinéma, vaste salle digne des Champs-Elysées, où nous venons de voir (en anglais, qu'aucun de nous trois ne comprend) un film de fiction dans lequel un avion de ligne éprouvait en plein vol des difficultés sérieuses, je ne me souviens plus de quel ordre. C'est le milieu de l'après-midi ; nous remontons, par l'un des grands ascenseurs qui desservent onze ou douze étages, jusqu'au pont supérieur afin de prendre l'air.

Le navire est totalement immobilisé ; nous en ignorons la cause, mais nous savons bien que c'est exceptionnel. Les grosses embarcations à moteur sont en position d'alerte : hissées vers l'extérieur sur leurs grues pivotantes, au-dessus de l'eau, comme si l'on s'apprêtait à les descendre pour un exercice d'abandon. Quelques dizaines de marins s'affairent autour d'elles. Ils portent tous leurs gilets de sauvetage et sont coiffés du chapeau ciré à large bord, comme des terre-neuvas dans la tempête. Le ciel est gris, assez bas. L'océan est aussi calme qu'il peut l'être au milieu de l'Atlantique Nord. Des promeneurs, vaguement inquiets, échangent leurs hypothèses en différentes langues.

Diverses rumeurs se répandent, et bientôt une communication officielle du commandant nous annonce que des bombes se trouveraient à bord, placées on ne sait où par des terroristes qui exigent une énorme rançon de la compagnie Cunard et menacent, en cas de refus, de tout faire sauter ; nous attendons les spécialistes de la détection et du déminage qui arrivent d'Angleterre pour désamorcer à temps les engins. Tous les passagers se précipitent aussitôt vers leurs cabines, mais c'est pour revenir bientôt après munis d'appareils photographiques et de caméras, qu'ils ont couru chercher sans perdre une minute : ils vont pouvoir — quelle aubaine — filmer l'arrivée des avions militaires, le largage des hommes-grenouilles ainsi que du matériel de déminage, et peut-être même, avec un peu de chance, l'explosion, le naufrage, leur propre mort...

Tout le début de l'opération se passe conformément

à leurs espoirs. Les trois appareils sortent des nuages pour piquer, l'un après l'autre, vers le paquebot, à plusieurs reprises, afin sans doute de repérer sa position exacte. Puis ils lâchent quatre hommes vêtus de combinaisons noires, et aussi de nombreux containers, munis les uns et les autres de parachutes orange. Trois des canots, mis à la mer avec leur équipage, les récupéreront ensuite sans problème, bien qu'à une distance si considérable qu'on ne pourra guère suivre, depuis le pont-promenade, les détails du repêchage dans la houle.

Pendant quelque huit heures, l'immense *Queen* — ses moteurs toujours arrêtés — sera inspecté du haut en bas de façon systématique, dessus, dessous, dedans, avec les appareils les plus perfectionnés. Une nouvelle annonce du commandant nous apprendra enfin, au milieu de la nuit, que les recherches sont restées vaines, qu'en tout cas on n'a rien trouvé à proximité des organes essentiels du navire et que nous pouvons donc reprendre notre route : s'il y a véritablement des bombes, elles ne peuvent avoir qu'un calibre assez peu important et doivent être cachées plutôt dans les cabines (qui n'ont pas été fouillées), si bien que leur éventuelle explosion ne risque pas d'entraver la bonne marche du paquebot. Il est difficile de savoir si cette dernière précision relève de l'humour britannique. Toujours est-il que le reste de la traversée se passera en fêtes de patronage à la gloire des *good fellows* qui nous ont ainsi sauvés au péril de leur vie.

A Cherbourg, première escale, toutes les télévisions d'Europe et d'Amérique, de même que tous les quotidiens et hebdomadaires, toutes les radios, etc., sont là pour nous accueillir. Les reporters se précipitent sur nous, mais ils sont visiblement déçus par nos récits du drame : non, il n'y a pas eu de panique ; oui, on a pris des photos ; non, on n'a pas vraiment eu peur, on a continué à manger, à boire, à regarder des films d'aventure, à jouer au jack-pot et au loto ; oui, on s'est en somme bien amusés... Mais, devant le déploiement des mass media qui nous filment de toute part et nous pressent de questions, nous sentons bien que nous ne sommes pas à la hauteur des circonstances. Certains de nos interviewers se fâchent presque ; pour un peu, ils nous reprocheraient de ne pas avoir sombré, déchiquetés par les engins explosifs, en chantant à l'unisson « Plus près de toi, mon Dieu, plus près de toi... ».

A Hambourg déjà, j'avais fini par me sentir coupable quand mon journaliste, qui s'énervait de plus en plus au bout du fil, était à la fin sorti de sa compassion feinte, pour m'accuser sans ambages de ne pas me montrer assez ému par l'accident. Je me rappelle un détail en particulier : il voulait absolument que j'aie « perdu tous mes manuscrits » dans la catastrophe. Ça au moins, à défaut de corps carbonisés ou de survivants devenus fous sous le choc, ça pouvait faire un scoop acceptable : on imagine le désespoir des familles, dans les châteaux et les chaumières à travers la France profonde, en apprenant que l'unique brouillon de *L'immortelle* et les notes préliminaires complètes pour *La maison de rendez-vous* venaient de disparaître à tout jamais dans les flammes avec cent mille litres de kérosène...

Comme j'essayais de lui faire entendre qu'un écrivain évite en général de se déplacer avec ce genre de choses, précieuses, encombrantes et lourdes, spécialement lorsqu'il se rend de l'autre côté du monde pour les premières discussions concernant un projet de film, mon interlocuteur à bout de ressources m'a lancé, furieux : « En somme, vous vous en foutez complètement, d'avoir vu brûler tous vos bagages ! »

Pour le calmer, je me suis vu contraint de lui livrer alors, comme un maigre os à ronger, un petit secret personnel : je transportais dans mes affaires, en cachette de Catherine, un joli collier d'or que je devais lui offrir le jour anniversaire de notre rencontre, dans l'Orient-Express en route vers Istanbul, il y aurait juste dix ans le 4 août, c'est-à-dire moins d'une semaine après cet envol raté où nous venions de manquer périr ensemble.

Dix années déjà. Trente-trois aujourd'hui... L'été 51, piétinant sans issue à la quarantième page des *Gommes,* j'avais quitté Brest sur un coup de tête, à la lecture d'une petite annonce de *Combat* qui proposait un voyage pour étudiants (très peu coûteux) en Turquie. Vieux mirage flaubertien des évasions orientales, où le temps soudain s'est arrêté... Wallas, songeant à l'énigme stupide du sphinx, attendait devant l'eau trouble de son canal que le pont à bascule se referme... attendait depuis des jours, depuis des siècles... Le gai soleil d'Asie Mineure baignant les ruines immémoriales, l'ombre des minarets de Sinan sur les esplanades au dallage inégal où médite, accroupi contre une colonne cerclée de bronze, un gardien solitaire enveloppé dans son cafetan, les plages rêveuses bordant sous les figuiers la mer de Marmara, immobile et limpide, les caïques remontant la Corne d'Or au travers des rayons allongés du couchant, la grande rue de Péra illuminée déjà par les enseignes des bayadères, dans la douceur du crépuscule et le flot des hommes silencieux vêtus de costumes sombres, le lycée de Galatasaray où le retour lancinant des mélodies à la nostalgie sucrée, *alla turca,* berçaient notre sommeil dans de grands dortoirs en marbre blanc, les innombrables petits vapeurs aux pimpants panaches de fumée noire qui, dans la lumière lavée du matin, sillonnaient le Bosphore avec leurs voyageurs pétrifiés portant fez et grosses moustaches, leurs ballots enroulés dans des tapis, leurs moutons et leurs vendeurs de thé ambulants, l'appel mélancolique des marchands de yogourt, l'odeur du poisson grillé, et les glaces à la pêche dont Catherine se nourrissait d'une façon quasiment exclusive...

Elle avait l'air si jeune, à cette époque, que tout le monde la croyait encore une enfant. Treize ans, « Ô Roméo, l'âge de Juliette ! ». Et c'est pour ma propre fille qu'on la prenait, tandis qu'elle cherchait les traces de son vrai père, petit garçon rescapé des massacres d'Arménie, en grimpant d'un pas léger les ruelles campagnardes de Kadikoÿ et d'Uskudar... C'est tout cela que commémorait le collier disparu dans les soutes du Boeing.

J'avais passé des semaines à le choisir avec amour, avant notre départ, et voilà qu'il ne devrait jamais être offert en présent à la petite fille de mes rêves, menu trésor sentimental enfoui pour toujours entre le souvenir doux-amer et l'oubli. Mais, dans *l'Express* de la semaine suivante, mon aveu coupable était devenu : et quand un écrivain du Nouveau Roman perd tous ses bagages, ce ne sont pas ses manuscrits réduits en cendre qu'il regrette, mais seulement « les bijoux de sa femme » !

En fin de compte et contre toute attente, nos belles

valises neuves, achetées elles aussi à l'occasion de ce voyage, nous ont été rendues quelques heures plus tard, à peine un peu défoncées, au milieu d'un amoncellement d'objets divers échappés de colis plus fragiles. En revanche, la coproduction cinématographique pour laquelle nous allions au Japon n'a jamais dépassé le stade du découpage technique, car la riche compagnie nippone de style hollywoodien qui m'avait engagé, à grands frais, ne soupçonnait sans doute en aucune façon l'hétérodoxie des structures narratives que j'étais en train de construire, depuis pourtant quelques années déjà. Ces gens ne faisaient appel à moi qu'à la suite d'un malentendu total, entretenu pour des raisons obscures par un producteur français, et qui a duré tout un semestre.

Sur le rançonnement spectaculaire du *Queen Elisabeth*, par contre, un film à gros budget a bel et bien été tourné quelques mois plus tard. Cela s'est appelé, dans la version française, *Terreur sur le Britannic*. A elle seule, la sinistre et grandiose consonance « ...itanic » laisse déjà entrevoir le plus gros steamer du monde prenant de la gîte après le choc mortel. Le commandant était Omar Sharif en personne, dont l'allure anglo-saxonne peut évidemment paraître assez discutable, et il avait une intrigue amoureuse avec une belle première classe blonde, mariée d'autre part comme il se doit. Menaces des terroristes en plein océan, avions de secours arrivant dare-dare d'Angleterre, tergiversations de la compagnie, passagers dominant leur angoisse (pas question de prendre des photos), tension des silences et des regards, etc.

Mais le parachutage des hommes-grenouilles et de leur matériel avait lieu dans une tempête déchaînée, ce qui est beaucoup plus payant, si bien que plusieurs

162

marins étaient emportés par les vagues sur les échelles de coupée, ou en hissant les précieux caissons, ballottés dans l'écume, à bord de grosses embarcations à moteur qui dansaient sur les crêtes entre des creux de trente pieds. Et, cette fois, il y avait « vraiment » des bombes dissimulées dans les entrailles sophistiquées du paquebot. Les premières causaient même de sérieux dégâts en explosant, malgré le savoir-faire et le courage des glorieux démineurs. La catastrophe finale n'était évitée que de justesse, au bout des cent minutes réglementaires de projection. Omar Sharif, durci par l'épreuve, décidait néanmoins en serrant les mâchoires de laisser désormais les jolies passagères à leurs maris.

Parmi les détails réels de notre aventure, l'un des plus remarquables, et qui pourtant présentait une bonne amorce de tragique, avait été complètement éliminé par le scénariste : le *Queen* transportait cette fois-là tout un congrès de riches paralytiques américains, sur leurs chaises roulantes nickelées... Mais le film n'était pas de Buñuel.

Si les problèmes de la formulation pathétique et de la métaphore incontinente se trouvaient réglés pour moi — provisoirement tout au moins — dans ces années 60, il n'en allait certes pas de même lors de mes débuts littéraires, quinze ans plus tôt, à l'époque où j'écrivais *Un régicide*. Je peux même, avec un sourire attendri, relever en plusieurs points de ce premier essai romanesque, demeuré longtemps inédit, des passages entiers que n'auraient sans doute désavoués ni mon interviewer de l'A.F.P. ni le courriériste de *l'Express*.

Le plus visible des conflits internes qui organisent la structure de ce récit est précisément l'opposition stylistique entre le constat et l'expression, c'est-à-dire entre l'écriture « neutre » et le recours systématique aux charmes pompeux de la métaphore. Déjà sous cet angle, la figure centrale du texte — Boris, conscience narratrice unique et fortement personnalisée, qui s'exprime même la moitié du temps à la première personne — s'inscrit dans la famille illustrée, lors de la décennie précédente, par le Meursault de Camus et le Roquentin de Sartre.

Le héros de *L'étranger* ne lutte-t-il pas en effet désespérément contre l'adjectivité du monde ? Et n'est-ce pas ce combat (peut-être perdu d'avance) qui fait toute l'importance historique du livre ? Dès ses premières pages, en tout cas, on sent bien les métaphores humanisantes qui guettent la voix narratrice blanche, pourtant sur le qui-vive, tel le fameux cap « somnolent » que Sartre, dans un jugement trop rapide, reproche à l'auteur comme faute d'inattention. Ce sont elles, ces métaphores, qui gagnent sournoisement du terrain chaque fois que s'amollit vers la jouissance sensuelle, ne serait-ce qu'un instant, l'insensibilité militante d'une technique phénoménologiste très aguerrie. Et ce sont elles bien entendu qui finissent par submerger, dans la longue scène du crime, les derniers barrages de ce style volontairement lavé, bien que censément naturel, dont l'utilisation apparaît alors comme un masque porté par une belle âme malheureuse, qui feignait — sans aucun doute pour d'obscures raisons morales — d'être une pure conscience husserlienne et rien d'autre.

Quant au personnage-philosophe de *La nausée,* c'est, de son propre aveu, la contingence agressive et poisseuse des choses dont est fait l'univers extérieur, dès qu'on leur arrache la mince couche d'ustensilité (ou seulement de sens) qui nous protège nous-mêmes en même temps qu'elle les dissimule, qui constitue à la fois l'origine de son malaise métaphysico-viscéral, l'objet de sa fascination passionnelle, ainsi que l'incitation initiale à tenir désormais un journal des « événements » (autrement dit, de ses rapports au monde), donc à produire du récit. Les deux forces scripturales qui engagent ici une lutte à mort vont être, on s'en souvient, d'une part la tentative — courageuse mais répugnante — de cerner les événements en question, d'autre part le vieux projet bien sage d'écrire sur le mode balzacien l'histoire complète et définitive de la vie aventureuse (en même temps, hélas, qu'énigmatique et pleine de lacunes) du marquis de Rollebon, rédaction saine et rassurante mais profondément malhonnête, du côté de laquelle Sartre-Roquentin range aussi cette *Eugénie Grandet* dont il recopie toute une page à titre de médicament anti-nausée, en souvenir de l'heureuse époque où l'on pouvait croire les adjectifs innocents, le réel sans failles ni bavures, et sa représentation sans piège. Le remède n'agit d'ailleurs que de façon très passagère, c'est un seul passé historique qui déborde sur le texte du journal à la suite de ceux de Balzac !

Avec ses deux célèbres parrains (Roquentin et Meursault) Boris partage aussi l'impression diffuse d'une coupure entre lui et le monde — choses et gens — qui l'empêcherait d'adhérer vraiment à ce qui l'entoure, à ce qui lui arrive, et même à ses propres actions ; d'où son sentiment d'être là pour rien, en trop, comme par hasard et sans que jamais la moindre sanction — sinon so-

165

ciale — le condamne ou le justifie. Sa décision de tuer le roi, moins (ou plus) qu'une simple pulsion sexuelle de type œdipien, m'apparaît d'abord comme l'ultime tentative pour franchir ce gouffre, pour traverser cette paroi aussi implacable que transparente, pour expulser enfin ce bouchon diphtérique qui menace jusqu'à sa respiration. (On remarquera, je pense, avec quel soin je sexualise ici, cependant, l'expression d'un tel désir.)

Mais le régicide constitue aussi, bien entendu, le meurtre de l'inscription : inscription de la loi sur les tables (de la société), inscription de la mort sur ma propre tombe. L'inversion anagrammatique « ci-gît Red », qui paraît en toutes lettres peu après l'attentat, représenterait selon ce point de vue l'auto-effacement de l'infraction criminelle majeure, et donc la faillite (gravée d'avance) du projet de libération. Ainsi ne suis-je guère en mesure de jeter cette dernière pierre sur l'échec dénoncé de Sartre et de Camus, à moins que celle-ci ne vienne aussi s'ajouter d'une façon consciente à mon tumulus personnel.

Et je voudrais en profiter pour revenir, une fois de plus, sur cet *Etranger* dont je reste à peu près certain qu'il a si fortement marqué mon entrée en littérature. Ce n'est pas de très bon ton, dans les milieux intellectuels à la page, de reconnaître ainsi le poids du premier roman de Camus sur toute une génération, et même bien au-delà. L'énorme appareil de colloques et de thèses universitaires qui l'honorent à travers le monde depuis quarante ans, joint à son trop grand succès public immédiat et durable, sans compter sa récupération définitive par tous les manuels scolaires pour lycéens, en font presque aujourd'hui une référence maudite.

Pourtant je ne suis pas le seul écrivain — de mon âge ou beaucoup plus jeune — à le nommer au premier rang des rencontres jalonnant sa formation. Et, si je croisais allègrement le fer contre lui vers la mi-temps des années 50, comme aussi contre *La nausée,* c'était autant pour signaler ma dette envers l'un et l'autre que pour définir, en m'en démarquant, la direction de mon propre travail. Chaque fois, d'ailleurs, que j'en reprends la lecture (de *L'étranger* surtout, puisque le texte de *La nausée* m'a toujours paru de constitution beaucoup plus molle), son pouvoir intact opère à nouveau.

Au début du récit, n'ayant encore accordé qu'une attention superficielle à ces rares caps somnolents que l'on porte alors, comme le faisait Sartre, au débit sans conséquence des belles-lettres distraites, on éprouve la sensation choquante d'avoir pénétré dans une conscience tournée de façon exclusive vers le dehors, sensation inconfortable et paradoxale s'il en fut, puisque justement cette conscience-là n'aurait pas d'intérieur, pas de « dedans », n'affirmant son existence à chaque instant — sans durée — que dans la mesure (et dans le mouvement même) où elle se projette sans cesse hors de soi.

C'est de nouveau Sartre — dans un bref essai écrit vers la même époque — qui nous explique, pour illustrer la pensée de Husserl, que si nous nous introduisions par mégarde dans une telle conscience, nous en serions aussitôt expulsés avec fracas, en plein soleil au beau milieu de la route, dans la poussière sèche du monde, sous son aveuglante lumière... (Je cite de mémoire, ce qui se justifie tout à fait par le caractère volontairement subjectif de ma présente entreprise.) Ne reconnaît-on pas là, comme par un fait exprès, le décor algérois de nos premières pages : le trajet en autocar vers l'asile de Marengo, le long chemin à pied jusqu'au cimetière, la chaleur suffocante des plaines de la Mitidja brûlées par l'été ? La poussière sèche et l'aveuglante lumière, c'est là sans aucun doute l'univers physico-métaphysique de Meursault.

Par un étonnant coup de chance (ou de génie), Camus va donc transformer ce paysage natal, qui est pour lui le lieu de la *familiarité* la plus grande, en la métaphore même de l'*étrangeté,* ou plus exactement en son support corrélatif « naturel ». Et la force du livre provient tout d'abord de cette présence *stupéfiante* du monde à travers la parole d'un narrateur absent de soi, monde sensible auquel on croit d'une manière totale, sans la moindre réticence, « comme si l'on y était » ou même mieux encore, à tel point qu'on pourrait en oublier la leçon : le surgissement pour rien des choses, sous le regard d'une conscience vide, nous y frappe avec une violence si crue que l'on remarque à peine qu'il constitue la parfaite représentation, presque didactique, de l'expérience phénoménologique selon Husserl.

Albert Camus et le soleil... Albert Camus et les plages de la Méditerranée... Le pays où fleurit l'oranger de l'âme goethéenne ne devrait pas être loin, pense-t-on, tout imbibé d'humanisme kantien et de bonheur tranquille. C'est bien le même ciel serein, la même mer accueillante, la même lumière, la même chaleur où mûrissent doucement les fruits d'or... Mais non ! Tout a changé soudain. On dirait même que chacun de ces signes s'est inversé :

nous sommes aux antipodes. L'Algérie certes n'est pas la Toscane, ni même la Campanie, mais surtout Goethe, issu des brumes nordiques, avait fait de son Italie le climat idéal où s'épanouit la raison. La civilisation méditerranéenne, en dépit de son sol sec et de sa clarté vive, c'était pour lui le ventre maternel, le creux humide et tiède à l'ombre de la loi, le berceau naturel de la modération, du bel équilibre, de l'éternelle sagesse... Et voilà que tout ici (la lumière, la sécheresse, le soleil, la chaleur) est devenu accablant, excessif, inhumain, chargé de menaces.

Bientôt en effet les choses se gâtent, tandis que Meursault se révèle comme le contraire même d'une conscience vide ; et c'est cela justement que trahissaient, dès le début, les quelques métaphores anthropocentriques échappées à sa vigilance. Sa conscience a bel et bien un intérieur, elle aussi, plein et transcendant à la mode kantienne : elle recèle en soi une raison pure, *a priori,* qui la remplit depuis toujours car elle est antérieure à toute expérience vécue. Ce qu'il lui fallait, à cette conscience, c'était se nourrir du monde extérieur, le dévorer jour après jour, le digérer, et à la fin devenir elle-même le monde, sans plus rien laisser en dehors de soi.

Par une sorte de puritanisme moral, Meursault prétend s'abstenir d'assurer, à son tour, une telle reproduction sociale des sentiments fait d'avance, des paroles convenues et des lois codifiées. Mais c'est contre son for intérieur qu'il doit alors accomplir le mouvement inverse de l'appropriation digestive : vider au contraire sans relâche son âme en se chassant hors de soi-même, comme s'il écopait interminablement le fond d'une embarcation qui prend l'eau, et jetait en même temps par-dessus bord, pour l'alléger, les pauvres richesses emmagasinées dans sa cale.

Or il le fait sans prendre garde que cette évacuation (ce rejet) alimente ainsi, chaque jour un peu plus, le trop-plein du dehors, tandis que, parallèlement, elle crée peu à peu au-dedans de sa conscience malheureuse un grand espace vide, maintenu au prix d'une dépense d'énergie de plus en plus ruineuse, et dont les parois craquent de tout côté. Aussi nous comprenons à présent que cette sorte-là de vide constitue seulement la parodie de ce que serait une véritable conscience husserlienne, qui, elle, n'aurait pas de dedans, d'aucune sorte, et n'en aurait jamais eu; elle serait — dans son mouvement même de projection hors de soi — la simple origine des phénomènes composant le monde, alors que Meursault organise contre celui-ci une tragique lutte à mort.

Très vite, on a le pressentiment du drame inéluctable; ce faux étranger va se voir acculé à quelque expédient de désespoir : un cri, un attentat, une action criminelle absurde. Ou plutôt, cela va se produire tout seul, hors de son contrôle (ô dérision!), car c'est le soleil, la poussière sèche et l'aveuglante lumière qui vont commettre le crime par sa main tétanisée.

Les quatre brefs coups de feu, tirés en plein midi sur la plage déserte et surchauffée, éclatent comme une implosion, attendue. Le dangereux déséquilibre entre l'univers extérieur trop plein et cette conscience vidée — non pas dépourvue d'intériorité comme elle voudrait l'être, mais minée au contraire de l'intérieur par une cavité où elle a fait le vide — ne pouvait que conduire à l'éclatement : en une fraction de seconde, l'âme à bout de forces va réabsorber la totalité du monde rejeté, avec ses adjectifs, ses sentiments, ses passions, sa folie, et elle se trouve instantanément réduite en miettes.

Et aussitôt je me réveille, ayant implosé, dans l'envers du monde où j'ai vécu jusqu'à présent : moi qui prétendais ne pouvoir exister qu'en me projetant vers le dehors, voici que je suis maintenant, par une cruelle inversion topologique de l'espace, emmuré dans une cellule de prison, quelque chose de fermé, de cubique, de blanc selon toute probabilité, et il n'y a rien à l'intérieur de ces quatre murs qui représenteront désormais mon seul extérieur possible, ni meubles, ni gens, ni sable, ni mer, rien d'autre que moi.

Etrange caricature du ventre maternel que ce trou sans soleil, qui est comme l'antichambre de mon exécution toute proche, car — je le sais bien — je vais être condamné à mort pour cause d'implosion. Par une petite ouverture carrée, inaccessible, tout en haut de la paroi verticale, je regarde avec une intensité nouvelle et une émotion aujourd'hui acceptée, sans en perdre une nuance, les couleurs changeantes que prend le ciel à la tombée du jour ; et dans ce bel azur sans nuage qui tourne imperceptiblement au rose, au mauve, au vert jade, dont je « mange des yeux » la moindre parcelle, je reconnais cette fois la douceur latine : de l'autre côté de ma dérisoire fenêtre (le côté perdu à jamais), c'est Goethe à nouveau qui me fait signe.

Si je ne contemple pas le ciel, parce que la nuit est tout à fait noire, ou bien pendant la clarté trop fixe des heures de midi, j'essaie de me souvenir : je m'efforce à la reconstitution minutieuse de tous les objets que contenait ma chambre d'autrefois, dans leur position exacte et leur état réel, m'acharnant avec toute la lenteur nécessaire à en retrouver les moindres détails, leur forme, leur teinte, leur matière, ainsi que les menus défauts ou accidents de la surface, hasardeux, inexplicables, écailles de peinture, éraflure du bois, léger enfoncement du métal, irrégularité de la faïence, qui en faisaient de vraies choses et non pas des modèles abstraits. Souvent, recherchant par exemple la découpe précise de quelques millimètres de placage arrachés au coin d'un meuble, je me dis que peut-être j'invente, mais je vois tout comme sous mes yeux avec une telle évidence, une telle acuité, que je comprends de moins en moins où résiderait la différence. Et même, quelquefois, je ne suis pas loin de penser que le plus réel est précisément ce que j'ai construit de toute pièce.

Pour me reposer, je relis alors, une fois de plus, ma coupure de presse. C'est un fait divers découpé il y a très longtemps dans un journal : un crime sexuel sans doute (mais la bienséance a interdit au rédacteur de raconter les choses clairement) commis sur une petite fille par un nommé Nicolas Stavroguine. La reconstitution descriptive de la chambre ainsi que le fragment de journal, devenu difficilement lisible à cause de l'usure le long des plis du papier, de qualité médiocre, se trouvent à présent rangés dans mon troisième roman, *Le voyeur*. Quant au placage écorné, il en a déjà été question auparavant dans le présent ouvrage, si du moins ma mémoire est bonne.

Mais par moment je soupçonne aussi, dans ma cellule

de prison où j'ai tout le temps pour réfléchir à ces problèmes, que j'ai dû confondre en quelques occasions, par certains aspects similaires de leurs troubles aventures politiques, Henri de Corinthe avec le marquis de Rollebon, auquel il vient d'être fait allusion quelques pages plus haut, à propos de *La nausée*. Cet amalgame provient sans aucun doute, en particulier, des mystérieux voyages du comte Henri — ainsi que l'appelait toujours mon père — en Russie et en Allemagne vers la fin des années 30, ou le tout début des années 40, quelque cent cinquante ans donc après ceux de Rollebon.

Tel justement Stavroguine d'un bout à l'autre du roman de Dostoïevsky, Corinthe est presque toujours en voyage, durant cette période fiévreuse et sans pitié. Ses actions incertaines se déroulent hors frontières et l'on n'en connaît que des bribes, difficiles à rassembler, le plus souvent grâce aux seuls récits (concordant parfois, d'autres fois contradictoires, dans la plupart des cas sans aucun lien perceptible entre eux) rapportés par des tiers, dont beaucoup n'ont pas été eux-mêmes en contact direct avec lui. L'un au moins de ces témoins peu fiables ou franchement suspects, Alexandre Zara, avait de surcroît un évident intérêt à mentir, au sujet de ses rapports éventuels avec les autres agitateurs internationaux : nous savons en effet maintenant qu'il était lui-même un agent nazi, travaillant à Londres depuis des années, et qu'après sa capture par les services de contre-espionnage britanniques, à la fin de la guerre, il a sans cesse tenté de brouiller les pistes, n'hésitant pas à compromettre des innocents, surtout s'ils jouissaient de quelque crédit.

En septembre 38, Corinthe est à Berlin — c'est un fait

qui semble incontestable — et il y rencontre deux importants personnages très proches du chancelier, dont l'un à plusieurs reprises. Mais les journaux allemands de l'époque le présentent déjà comme un grand malade, qui doit se reposer la majeure partie de sa journée. Des bruits courent, dont la presse se fait l'écho, sur un duel au sabre, au cours duquel il aurait été si gravement blessé à la gorge que les chirurgiens ne parviendraient pas à le tirer d'affaire. Le 24 de ce même mois, un chroniqueur lui rend visite à l'hôtel Astoria, proche de la Wilhelmstrasse, pour une interview au sujet des ligues d'extrême droite européennes, et se trouve, dit-il, en présence d'un homme très affaibli « portant autour du cou un épais pansement de gaze blanche, qui pourrait cacher une minerve, mais aussi bien quelque plaie accidentelle ou tumeur maligne ».

Cependant, au début d'octobre (donc juste après les accords de Munich concernant le territoire des Sudètes), il est à Prague, où il arrive le 7 au soir (venant, croit-on, de Cracovie en chemin de fer), c'est-à-dire quelques heures à peine avant l'explosion d'un train de marchandises en provenance d'Allemagne, qui endommagera considérablement la célèbre gare Wilson, en haut de l'avenue Venceslas, dans le centre de la ville. La présence d'un tel convoi sur un quai de cette gare, essentiellement réservée alors au trafic des voyageurs, posait déjà un sérieux problème. Les nombreuses invraisemblances relevées dans les communiqués officiels, d'ailleurs peu cohérents, diffusés les jours suivants par les autorités tchécoslovaques, ont d'autre part donné ensuite libre cours aux suppositions les plus saugrenues. Et aujourd'hui encore, près d'un demi-siècle plus tard, la nature du matériel transporté dans les wagons ainsi que l'origine technique du sinistre, qui apparaît à presque tous comme un attentat, continuent d'alimenter maintes disputes entre les historiens qui se penchent sur ces préliminaires de la seconde guerre mondiale.

La présence de Corinthe sur les lieux a bien l'air en tout cas de n'être pas due au hasard, car, dans une lettre autographe écrite selon toute vraisemblance le jour même de la catastrophe, mais dont on ignore malheureusement le destinataire (on l'a retrouvée, après la victoire alliée, dans des caisses d'archives de la police secrète, à Dresde), le comte Henri fait avec une grande précision l'inventaire des dégâts causés aux installations ferroviaires, et cela dans des termes impersonnels laissant l'impression très nette qu'il s'agit d'un rapport de mission, sans d'ailleurs que l'on comprenne ni le caractère exact de celle-ci ni pour le compte de qui elle aurait été effectuée.

Il demeure que les relations — amicales peut-être, cordiales en tout cas — qui existaient entre Henri de Corinthe et Conrad Henlein (chef du parti pro-nazi dans les Sudètes et en Bohème du Nord) semblent attestées par une photographie prise à Paris, moins de deux ans auparavant, lors de l'inauguration du pavillon de l'Allemagne à l'exposition internationale de 1937. On y reconnaît parfaitement les deux hommes, riant ensemble en levant leur verre, dans un groupe de personnalités allemandes et françaises.

J'avais quinze ans et je me rappelle avec amertume le sentiment de désastre grotesque causé en France par cette journée : à la date prévue pour l'ouverture de l'exposition, deux pavillons seulement étaient prêts, celui de l'Allemagne hitlérienne et celui de la Russie soviétique, qui se ressemblaient d'ailleurs curieusement. Leurs deux architectures massives, carrées, imposantes, ornées de statues colossales, dont la pompeuse sobriété définit aujourd'hui pour nous le style fasciste, dressaient face à face sur la rive droite de la Seine, à l'entrée du pont d'Iéna, une croix gammée géante devant la faucille et le marteau tendus à bout de bras. Tout le reste, depuis la colline de Chaillot jusqu'à l'Ecole militaire, n'était qu'un immense chantier de platras et de boue — conséquence prévisible des grèves à répétition du Front populaire — où pataugeaient quelques ministres perdus. L'U.R.S.S. et l'Allemagne, seules, avaient préféré ne faire confiance qu'à leurs propres ouvriers et techniciens. On imagine les commentaires, ce soir-là, dans ma famille.

Pourtant, quelques semaines plus tard, au début de l'été, je garde le souvenir d'heureuses journées torrides et de longues déambulations, ravies, à travers l'exposition enfin achevée où nous cherchions la fraîcheur des arbres, dans le paysage méconnaissable de ce qui devait être le Champ de Mars et les quais, sur les petites places ombragées entre des constructions improbables, pleines de charme, étonnantes, ou seulement saugrenues, nous reposant quelques minutes près d'un jet d'eau en éventail, buvant le jus de fruits exotiques, grignotant des nourritures pimentées ou aigres-douces avant de repartir pour de nouvelles découvertes, toujours en compagnie de notre mère, beaucoup plus douée que papa pour la flânerie labyrinthique au hasard des jardins et des pavillons.

Sans doute je connaissais peu de choses, j'avais une vaste faim rêveuse d'en découvrir le plus possible et je m'extasiais de tout. Maman, toujours disponible, attentive, pleine de projets (souvent chimériques) était le compagnon idéal pour ces visites sans programme. Nous avons longtemps évoqué ensuite telle maison polonaise dont l'extérieur était à l'intérieur, les merguez tunisiennes auxquelles je goûtais pour la première fois, si délicieuses qu'elle m'ont depuis lors laissé dans la bouche leur violente odeur d'Orient, et puis des plantes inconnues, des pas japonais, des terrasses, des parois de verre, ou encore toute une série de grands abat-jour vénézueliens en bois dur bicolore, si minces qu'ils en étaient translucides. Je me souviens aussi de soirées chaudes — comme si le climat parisien avait également changé pour cette occasion — et les vives lumières d'un vert surnaturel parmi les frondaisons des marronniers, qui projetaient des rayons à l'éclat métallique sur ce nouveau monde imaginaire.

L'importance des choses — grêles saucisses aux aromates ou lampes électriques dissimulées au milieu des feuillages — ne réside évidemment pas dans leur signification intrinsèque, mais dans la façon dont elles ont marqué notre mémoire. Et les liens les plus forts entre les êtres proches sont surtout faits — c'est connu — de petites choses insignifiantes. Ainsi, je suis certain d'avoir entretenu avec ma mère, durant toute mon enfance et bien au-delà, un intense réseau de goûts partagés, qui probablement venaient d'elle, mais aussi un tissu solide, bien que plus impalpable, de menus événements et de sensations infimes vécus au jour le jour d'une façon identique.

Je devrais citer en exemple notre amour commun pour les jardins et le jardinage, un don marqué pour l'invention culinaire devant les fourneaux, notre penchant à organiser des plans compliqués et précis dans notre tête (depuis le simple trajet d'un point à un autre de Paris, jusqu'à la transformation complète d'une maison ou d'un quartier), une passion aussi pour les discussions inutiles sur n'importe quel sujet, sans intérêt de préférence, ou même, tout simplement, notre remarquable disposition pour perdre du temps à ne rien faire. Mais tout cela, ce serait encore de relativement grands traits, des options globales en quelque sorte, tandis que les biens les plus précieux dont nous avons joui ensemble étaient certainement de dimensions beaucoup plus modestes et si dépourvus du moindre caractère général, si fragmentaires, si instantanés, si périssables qu'il me paraît d'un intérêt médiocre d'en rechercher avec application aujourd'hui les meilleurs échantillons. Duvet bleuté perdu par un oiseau, carré de papier d'argent enveloppant un chocolat, pousse neuve d'une bouture, fétu de paille jaune citron dans la poussière du chemin, fourmi rouge transportant une miette de biscuit, ... je pourrais presque prendre n'importe quel détail de n'importe quoi, au hasard, puisque l'essentiel est dans l'attention qu'on leur porte, et surtout dans le tissage qui s'opère entre eux.

Papa disait que nous aimions, ma mère et moi, les « petits coinsteaux » (est-ce un mot d'argot démodé, ou bien du dialecte familial ?), voulant signifier par là que nous étions moins touchés par un vaste paysage que par quelque élément isolé, discret, un peu marginal : au grand lac contemplé du haut d'une montagne nous préférions l'arrangement fortuit de trois pierres moussues au bord d'un trou d'eau. Il se moquait parfois, avec tendresse, de la myopie de maman, comme aussi de son nez qu'il prétendait gigantesque. Mais j'avais moi-même une vue tout à fait normale et je montrais pourtant la même tendance à regarder le monde d'extrêmement près, afin d'y distinguer des différences de plus en plus fines, même quand elles ne constituent pas du sens.

Et il est probable que, comme elle, j'éprouvais une attraction particulière pour les objets de taille très réduite. Toute mon enfance, je me suis fabriqué des jeux minuscules avec les matériaux les plus frêles. On m'a raconté souvent cette histoire : une fin d'année où mes parents me demandaient quel jouet me ferait plaisir, le 25 décembre, devant la cheminée de marbre noir où nous disposions nos chaussures la veille au soir avec émotion, j'avais souhaité très sérieusement que le père Noël m'apporte « des bouts d'allumettes brûlées ». Nos étrennes étaient modestes, certes, mais pas à ce point !

J'ai reçu cette fois-là tout un assortiment de fines baguettes et de lattes en peuplier (d'un ou deux millimètres d'épaisseur) ainsi que des outils de menuisier pour tout petit garçon, mais semblables à ceux des adultes : scie, marteau, râpes et limes, équerre, etc., avec des pointes assorties. Plein d'une immense joie de bâtisseur, qui a duré de longs mois et même plusieurs années, je me suis mis aussitôt à construire des maisons en miniature — romaine, étrusque ou byzantine — en m'inspirant de la planche « Habitation » du Larousse en deux volumes.

Je passais aussi des journées entières à classer dans de petites boîtes en carton et à les étiqueter avec le même sérieux que derrière les portes vitrées d'une armoire de musée, couchées en bon ordre sur un lit d'ouate, des pièces buccales de langoustines ou d'oursins démontées et nettoyées avec un soin minutieux, ainsi que des collections variées de choses sans valeur : piquants d'arbustes divers, coléoptères de la même espèce commune aux élytres métallisés dans de multiples nuances, nummulites fossiles fendues en deux suivant leur circonférence pour laisser voir les loges en spirale habitées autrefois par le protozoaire, fragiles coquillages diaphanes, ourlés comme des pétales de rose, ramassés le long des grèves et choisis une fois secs pour leurs délicates couleurs de chair nacrée.

Mais oui, j'y arrive : je possédais également deux poupées en porcelaine hautes de quelques centimètres, que j'habillais et déshabillais. On voyait bien que ça n'était pas des bébés, mais déjà des petites filles. Je leur suis sans doute demeuré fidèle fort longtemps, car elles ont bénéficié — membres attachés, bien entendu — de mes premiers exercices érotiques délibérés. En fait, mes goûts pervers étaient si précoces qu'ils m'apparaissent, en y réfléchissant, comme antérieurs même à toute conscience hétérosexuelle : je rêvais volontiers au massacre de mes camarades de classe (et les écoles communales n'étaient pas mixtes), mais ceux qui me semblaient laids et antipathiques étaient exécutés le plus vite possible, simplement pour les faire disparaître, tandis que les corps gracieux aux jolis visages tendres avaient droit à de longs supplices, liés aux troncs des marronniers dans la cour de récréation.

180

Méticuleux, sadique, économe par surcroît, je reconnais ici devant le bon docteur Freud avoir depuis mon plus jeune âge cumulé ces trois attributs, dont il a justement formé l'un de ses complexes favoris. Et, pour ses descendants actuels ou futurs, je signale en outre, à toutes fins utiles, que j'ai tété le sein maternel jusqu'à plus de deux ans et qu'ainsi, sachant déjà marcher et parler presque couramment, j'ai pu réclamer en termes clairs cette exclusive nourriture par une phrase restée légendaire à la maison : « Pas lait tasse, lait à maman. »

Maman mettait à ses moindres tâches la même minutie, et la même patience, possédant aussi la faculté de transformer en jeu la plupart d'entre elles. Quant à son amour des toutes petites choses, il était si connu des parents et amis que chacun voulait lui en rapporter de ses voyages. Et il y a toujours dans une vitrine de Kerangoff une exposition hétéroclite qui va d'ustensiles de cuisine cévenols, mesurant quelques millimètres, jusqu'aux personnages façonnés au Japon dans des grains de riz.

Mais toutes les questions d'ordre ouvertement charnel, ou même simplement à forte implication érotique, nous séparaient au contraire de façon radicale. J'avais très tôt deviné que ça n'était pas là un terrain d'accord possible. Et, moi qui racontais tout, je me taisais d'instinct sur mes imaginations cruelles comme sur mes plaisirs nocturnes. Mises à part les relations lesbiennes — sentimentales ou bien davantage, je l'ignore — pour lesquelles son indulgence m'a toujours parue évidente, les complications sexuelles de toute nature, dès qu'on y faisait allusion, étaient (dans ses propos du moins) dénoncées en souriant comme plus salissantes qu'autre chose, et peut-être en allait-il de même du coït dit normal.

Pourtant, je suis persuadé qu'il n'y avait pas trace, chez elle, de puritanisme ou de pruderie. La sensualité de ses rapports avec le monde était flagrante et ne donnait lieu à aucun camouflage hypocrite. D'ailleurs, elle parlait de tout avec une liberté très grande pour l'époque, riant par exemple de la propagande sodomiste à laquelle se livrait — paraît-il — une de ses amies d'autrefois, ou bien donnant à une jeune fille des conseils de ce genre : « Il y a des garçons avec qui l'on couche, mais qu'on n'épouse pas », sentence édictée avec l'autorité qu'elle mettait en portant sur les gens, à leur première rencontre, des jugements catégoriques et définitifs.

Je me dis aujourd'hui qu'elle devait éprouver une bien plus grande connivence quand il s'agissait du plaisir féminin, accusant toujours plus ou moins celui des mâles d'être violent, simpliste et grossier. Après avoir lu *La nausée,* à cause de l'intérêt que je montrais pour ce livre, elle avait prononcé contre Roquentin une condamnation sans appel, parce qu'il demandait à son amie (ce que je n'ai jamais vérifié dans le texte) des complaisances bucco-génitales. Elle entretenait sans cesse des contacts si directs et passionnés avec toute chose, présente ou imaginaire, qu'un héros de roman — fût-il le messager d'une métaphysique nouvelle — lui apparaissait d'abord comme l'individu qu'elle avait, ou non, envie de fréquenter. Ma mère me signifiait en somme : ton ami Roquentin est un type répugnant, inutile de le réinviter à la maison ! Par nature, elle s'enflammait. Je répondais en souriant : « Tu véhème ! » Mais je renonçais assez vite à lui faire partager ma façon de lire la littérature.

Y aurait-il, cependant, dans mes impressions à son sujet concernant ce trouble domaine de l'éros, quelque sentiment personnel de culpabilité qui fausserait mon entendement ? Son attitude envers les hommes et leurs fantasmes me semblait en tout cas d'autant plus frappant qu'elle protégeait avec une tendresse universelle les accouplements entre animaux, oiseaux ou chats, même si certains matous témoignaient sous ses yeux de tendances sado-érotiques caractérisées. Comme pour tous les manuscrits de mes débuts, ma mère a été la première lectrice du *Voyeur*. Après l'avoir terminé, elle m'a dit : « Je pense que c'est un livre remarquable, mais j'aurais préféré qu'il n'ait pas été écrit par mon fils », ainsi que je l'ai déjà rapporté.

Il y a peu d'années, lors d'un colloque international, j'ai entendu un metteur en scène aimé du public — indien ou égyptien, je ne me souviens plus — expliquer à une salle de cinéphiles muette d'émotion que le principal souci qui guidait son travail, lorsqu'il tournait une scène, se résumait en cette simple question : ma mère va-t-elle comprendre, va-t-elle aimer ce que je suis en train de faire ? Raconter des histoires dont sa maman représentait à la fois le destinataire et le juge suprême, après tout, pourquoi pas ? C'est un critère qui en vaut d'autres. Mais il est probable que je n'ai pas écrit mes romans à l'intention de la mienne, ni réalisé mes films dans l'espoir de lui faire plaisir. Serait-ce alors contre elle ? Je ne le crois pas davantage, bien que l'on puisse voir

183

dans mon parti pris de froideur narrative — apparente —
une sorte de réaction défensive envers la subjectivité trop
ardente qu'elle apportait à l'expression de ses sentiments.

Si l'on adoptait un tel point de vue, cependant, on
pourrait dire aussi bien que je me suis mis à écrire (puis
à filmer) de cette façon, blanchie, par défiance à l'égard
de mes propres penchants, ou même en lutte ouverte
contre moi. Car notre goût suspect pour toute une
littérature de la véhémence et du désespoir, dont j'ai déjà
parlé ici, je le partageais largement avec ma mère, tandis
que papa interrompait furibond sa lecture trop fiévreuse
de *Jude l'obscur* pour se dresser en sursaut et jeter à terre
le volume, qu'on l'empêchait à grand-peine de piétiner
dans un sain réflexe d'auto-défense. Moi, je me contentais de pleurer toutes les larmes de mon corps en lisant
la fin navrante de *Fortune carrée* ; et ça ne me paraissait
guère une consolation suffisante quand on me répétait,
afin de calmer ma détresse, que ça n'était pas une histoire
vraie et que l'auteur avait tout inventé, exprès pour me
prendre au piège.

Même si je travaille ainsi contre une part notable de
mes inclinations, c'est en tout cas pour moi seul que
j'écris et que je réalise des films, et ça me fait bien rire
quand un critique de cinéma explique d'un air docte à
ses innombrables fidèles, dans un article où une fois de
plus on me condamne, que Robbe-Grillet n'a pas encore
compris, hélas, la nature spécifiquement « populaire » du
septième art (qui n'en serait donc pas un, puisqu'il n'y
a d'art que personnel). Et ce livre-ci, à son tour, qui
semble s'adresser nommément au lecteur, ou même au
critique, je ne suis pas si sûr de ne pas en être, comme
d'habitude, l'unique cible. On crée toujours pour soi,

même si l'on rêve de tirages planétaires ou de salles combles.

Sans le savoir de façon consciente, j'aurais donc forgé des récits pour dominer mes fantasmes criminels devenus trop arrogants (le spectre du marquis de Sade qui venait me tirer par les pieds dans mon lit), mais en même temps, tout au contraire, afin de vaincre cette sensibilité excessive d'un tendre pleurnicheur attardé, capable de se désoler pendant des jours pour d'infimes crève-cœur sans actualité, ni souvent réelle existence, mais ressassés jusqu'à nouer la gorge et piquer les paupières, surtout s'ils mettent en scène de très jeunes femmes ou des petits enfants. Un exemple remonte soudain à la surface, mal enfoui depuis un demi-siècle au moins...

Notre père n'a guère plus de cinq ou six ans. C'est dans le haut Jura. La bande des camarades, garçons et filles, a projeté de confectionner un gâteau et chacun doit apporter quelque ustensile ou ingrédient. Mon gentil papa en sarrau d'écolier part, tout content, rejoindre les autres, tenant avec précaution le précieux morceau de beurre que lui a donné sa mère pour cette grande occasion. Mais, une fois réunis, les pâtissiers novices se disputent. En fin de compte, on ne fera rien du tout. Et le bambin revient tout seul en trottinant sous le soleil par le même sentier qui serpente entre les prairies, trébuchant à l'aveuglette sur les pierres et reniflant, le cœur grossi soudain de toute la misère du monde et les yeux perdus pour toujours dans une déception sans borne, avec le morceau de beurre inutile, mal renveloppé, qui fond peu à peu entre ses mains. Pourquoi nous a-t-il raconté cette menue mésaventure ? De quelle matière est fait ce chagrin immense dont il se souvient encore quarante années plus tard, intact, démesuré ?

Naturellement, c'est sur Catherine que je m'apitoie aujourd'hui avec le plus de facilité, de tendresse vaine et de complaisance bébête, puisqu'elle est à la fois ma femme et mes enfants et que je me sens totalement chargé d'elle, responsable de son bonheur alors qu'elle se débrouille très bien toute seule, coupable de ses peines même si je n'y ai aucune part. Et notre vie commune m'apparaît ainsi parsemée de minuscules histoires tristes où brusquement je me retrouve tout à fait démuni, gauche, comme vidé de moi-même devant d'inconsolables désespoirs, déchirants, absolus, dont la marque restera encore dans ma mémoire blessée quand Catherine peut-être les aura oubliés depuis longtemps.

Voici : c'est peu de temps après notre mariage ; nous sommes installés, boulevard Maillot, dans cet appartement tout neuf que nous devons à la gentillesse discrète de Paulhan. J'ai fait la sieste au milieu de l'après-midi, comme il m'arrive souvent depuis mes lointains séjours « coloniaux », pendant que mon épouse-enfant allait reprendre des voilages déposés chez la teinturière. Quand je sors de ma chambre, je rencontre ses yeux agrandis par des larmes mal retenues dans un visage dévasté. Devant mes questions anxieuses, elle ne peut se contraindre plus longtemps, éclate en sanglots douloureux (qui font mal rien qu'à les voir) et réussit à peine, entre deux crispations brouillant ses traits par ondes successives, à murmurer l'irréparable : « Ils m'ont déchiré mon rideau. »

Banal accident de blanchissage, dira n'importe qui,

mais déjà la vue de l'accroc hideusement effiloché dans la mousseline quasi neuve me fait participer de toute mon âme à son malheur. Et puis surtout c'est Catherine, et je l'aime et ça ne lui sert à rien, et elle a l'air d'une petite fille abandonnée au milieu des ruines... C'est l'époque où il paraît difficile de croire qu'elle n'est plus une gamine, mais une jeune femme bel et bien. Quand elle a porté sa robe de mariée au nettoyage, avant la cérémonie (intime et civile, qu'on se rassure), parce que la couturière l'avait livrée un peu défraîchie par son travail, la même teinturière (qui ne la connaissait pas encore) lui a expliqué avec la bienveillante application d'une adulte qui craint de mal se faire comprendre : « Pour la prochaine fois, mon petit, tu diras à ta maman qu'il faut d'abord découdre la doublure. » — « Bien madame », a répondu Catherine sans se troubler.

Devant le démarcheur qui sonne à la porte et lui demande, déçu par sa taille et sa mine, s'il n'y a personne à la maison, elle admet en toute simplicité, le croyant presque elle-même : « Non, il n'y a personne », et elle referme le battant, avec un tour de clef pour mieux se sentir à l'abri. Deux années plus tard, à Hambourg, après une conférence que je viens de donner à l'Institut français, notre consul général entreprend de dire quelques paroles aimables à cette jolie fillette perdue parmi les grandes personnes : « Alors, ça ne vous ennuie pas, mademoiselle, d'accompagner comme cela votre papa en tournée ? » Mais, cette fois-là, elle réplique avec son plus charmant sourire : « C'est pas mon papa, monsieur, c'est mon mari ! » Le pauvre diplomate ne sait plus où se mettre, tandis qu'elle et moi, complices, nous sommes ravis de sa méprise.

En réalité, l'âge n'y fait rien, non plus que la figure ou le caractère. Après tant d'années passées ensemble à organiser des maisons ou à parcourir le monde, et en dépit de sa vie très libre avec des amis personnels de toute sorte, comme aussi d'une heureuse disposition à n'avoir besoin de personne, Catherine est cependant restée ma petite fille. Et c'est une scène toute récente qui va ainsi conclure cet insistant passage sentimental.

Je suis seul au Mesnil depuis plusieurs jours ; j'attends avec impatience sa venue, promise pour le soir même. Elle arrive enfin, très tard dans la nuit comme toujours. Je ne sais quoi faire pour fêter son retour, malgré l'agacement visible que lui procure l'aveu de mes inquiétudes sans fondement : quand je l'espère ainsi toute une soirée, guettant à une fenêtre du premier étage les phares de sa voiture parmi les arbres, à l'entrée du parc, je m'imagine invariablement qu'elle a disparu en route, qu'il lui est arrivé je ne sais quoi, comme faisait maman jadis quand je rentrais à la maison après l'heure annoncée ou calculée par elle.

Et voilà qu'à la suite d'un mouvement maladroit en ouvrant un placard, ou par quelque hasard malheureux dans la position accidentelle des choses, je fais tomber une bonbonne de verre transparent, montée en lampe, qui est posée au coin du buffet en merisier de la cuisine. La fragile sphère éclate en cent morceaux sur le carrelage. Catherine pousse un cri d'oiseau blessé, disant d'un ton de supplication incrédule : « Oh ! Non ! » Dans le silence qui suit, elle demeure immobile un instant à contempler le désastre à ses pieds ; puis elle se baisse avec lenteur et ramasse doucement quelques-uns des plus larges fragments aux pointes acérées, d'une minceur de rêve, comme s'il pouvait y avoir encore un espoir de les recoller. Mais bientôt elle les laisse retomber sur le sol avec découragement, pour prononcer d'une toute petite voix cette phrase aussi désolée qu'un bonheur à jamais perdu : « Ça faisait comme une grosse bulle bleue... »

Ce n'était pas un objet de grande valeur, seulement une vieille bouteille d'autrefois, soufflée à la main, qu'elle avait retrouvée dans la cave, miraculeusement intacte malgré l'absence de protection en vannerie, en rangeant la maisonnette de Bourg-la-Reine après la mort de sa grand-mère. Mais je savais qu'elle y tenait beaucoup — comme à un souvenir, peut-être, venu de son enfance — à cause de la finesse extrême du verre et de sa très légère teinte bleutée, alors que la plupart de ces anciennes dames-jeannes sont d'une pâte plus grossière et de couleur verdâtre.

Voilà. C'est irrémédiable. Je serre Catherine entre mes bras de tout mon pouvoir consolateur. Je sais bien que ça ne lui est d'aucun secours. Dans la nuit au goût maintenant cendreux, je range pieusement les débris de la bonbonne au creux mortuaire d'une boîte en carton, comme témoin (dis-je en guise d'alibi), c'est-à-dire avec l'espérance — qui sait — d'en découvrir un jour une toute semblable, exactement de la même nuance azurée, chez quelque brocanteur de campagne. Mais, jusqu'à présent, je n'ai encore rien trouvé.

On m'a souvent demandé pourquoi il y a tant de verre cassé dans tous mes films (et bien antérieurement à la chute accidentelle ici relatée), depuis *Marienbad* jusqu'à *La belle captive*. Je réponds en général que ce bruit est intéressant (c'est un ensemble de sons cristallins, mais avec un spectre très large, ce qui permet à Michel Fano d'y introduire des transformations diverses à l'aide d'un synthétiseur), et aussi que les éclats répandus prennent joliment la lumière...

Mais je sais parfaitement que cette catégorie d'explications n'est jamais suffisante. D'un autre côté, je ne vois guère de rapport affectif entre les images sonores que j'ai pu produire avec un tel matériau, sans cesse réinvesti dans des combinaisons nouvelles, et cet épisode amer (beaucoup plus tardif, je le répète) de la chronique familiale. Pourtant, il *doit* exister un lien. Et, du point de vue structurel, celui-ci se trouve en tout cas désormais établi : par l'effet du rapprochement qui vient de s'opérer sous ma propre plume.

Quant aux sentiments d'amour paternel éperdu — incestueux, cela va sans dire — que m'inspirait Catherine depuis notre première rencontre, ma mère s'étonnait (s'alarmait sans aucun doute) qu'ils puissent être contemporains de l'écriture du *Voyeur,* où une petite fille précoce jouait un tout autre rôle. Mais dans ce cas-ci, au contraire, il me semble à moi que le lien est évident. Car ce roman qu'elle trouvait horrible reste malgré tout. amoureuse, sans limite, exorbitante.

Le voyeur est paru au printemps 55, toujours aux Editions de Minuit, d'importants extraits ayant été imprimés conjointement dans deux livraisons successives de *La nouvelle N.R.F.,* qui venait de voir le jour. Contrairement à ce qui s'était passé pour *Les gommes,* dont la publication avait fait très peu de bruit deux années auparavant, n'attirant l'attention que de rares fureteurs comme Barthes ou Cayrol, ce nouveau livre a bénéficié dès sa sortie d'un petit scandale, avec des partisans farouches et des ennemis déchaînés aux propos injurieux, juste ce qu'il faut à Paris pour se faire un nom dans la république des lettres. Ce soudain éclairage, je l'ai dû principalement à Georges Bataille et au prix des Critiques, distinction importante à l'époque, tant par le prestige de son jury que par le palmarès des années précédentes : Camus et Sagan venaient d'en être les lauréats.

Le prix était décerné au mois de mai par une assemblée de spécialistes où les antagonismes violents semblaient de règle. J'avais pour moi Bataille, Blanchot, Paulhan, etc., et contre moi l'ensemble des grands critiques académiques qui tenaient les feuilletons dans les quotidiens et périodiques littéraires, ce qu'on nommait alors les « rez-de-chaussée » parce que leurs articles occupaient tout le tiers inférieur de la page. Les modernistes l'ayant emporté de justesse, à l'issue d'un combat qui avait duré plusieurs heures, les vaincus furibonds m'ont fait aussitôt la meilleure publicité dont puisse rêver un écrivain : Henri Clouard démissionnait du jury avec fracas, tandis que le doux Emile Henriot réclamait contre moi dans *Le Monde* l'asile de fou et la correctionnelle, si ce n'était la cour d'assises !

Tout ce vacarme, joint aux louanges enthousiastes de Roland Barthes dans *Critique* et de Maurice Blanchot dans la *N.R.F.* (louanges d'ailleurs incompatibles, Blanchot ne voyant que le crime sexuel et Barthes l'ignorant sans le moindre scrupule), m'a évidemment valu quelques lecteurs et une petite célébrité naissante. Albert Camus, André Breton m'apportaient leurs encouragements en termes chaleureux. *L'Express* m'ouvrait ses colonnes pour une série d'articles sur « La littérature aujourd'hui », qui seront à l'origine des « manifestes » publiés ensuite dans la *N.R.F.* et plus tard de l'essai *Pour un nouveau roman.*

C'est aussi le moment où Dominique Aury croit urgent de faire disparaître la lettre de refus que j'ai reçue quelques années auparavant de Gaston Gallimard pour *Un régicide.* Il s'agissait d'un court billet tapé à la machine sur papier de petit format à en-tête de la maison. Je me souviens parfaitement de son contenu, sinon du texte exact, qui signifiait à peu près : votre récit est intéressant mais, comme il ne correspond à aucune espèce de public, ça nous paraît inutile de l'imprimer. Quelques exemplaires polycopiés suffiront à sa diffusion. Toutefois Jean Paulhan, qui a toujours aimé les veaux à cinq pattes, l'a remarqué et vous en parlera éventuellement davantage...

Quand la précieuse adjointe de Paulhan me demande de lui prêter ce document, sous prétexte de rechercher qui l'a rédigé, il ne me vient pas à l'esprit qu'un double sur papier pelure en existe certainement dans les classeurs de la rue Sébastien-Bottin. Je lui confie donc l'original, sans en prendre de photocopie, ce qui n'était guère l'habitude en ce temps-là. Et lorsque, quelques mois plus tard, je lui réclame ma lettre, Dominique Aury tombe des nues : Quelle lettre ? Il ne peut y avoir eu refus de Gallimard pour *Un régicide,* puisque ce livre n'y a jamais été en lecture ! N'est-ce pas Jean ? — Enfin, Dominique, souvenez-vous : c'est à vous-même que j'avais remis le manuscrit quand vous habitiez à la Cité universitaire — Oui, oui, je me rappelle ; mais c'est aux éditions Robert Machin que je l'avais déposé ; ils l'ont d'ailleurs accepté tout de suite... juste hélas avant de faire faillite, etc.

Je ne dis plus rien. Je suis abasourdi, tellement tout cela est énorme. Le légendaire sourire de Paulhan, toujours plein de la plus innocente fraîcheur, se pose sur moi avec une bienveillance amusée, charmante, indéchiffrable : impossible de choisir entre la surprise sincère du vieillard qui a tout oublié, fort à propos, et la jubilation du gamin qui vient de jouer un bon tour. Nathalie Sarraute disait : lui c'est Talleyrand, Dominique Aury c'est Fouché ! Pourtant je les aimais bien tous les deux et j'avais pour Paulhan — l'homme et l'œuvre — une admiration sans faille que j'ai conservée depuis. Je savourais aussi l'inimitable façon qu'il avait — lui qui n'hésitait jamais à rendre de considérables services à ses protégés — de les mettre soudain mal à l'aise en trois mots (par exemple en me faisant systématiquement de grands éloges à propos de tels ou tels détails de mes livres... qui ne s'y trouvaient pas). Quant à Dominique Aury, c'est elle — et de cela elle convient volontiers — qui a passé le *Régicide* à Georges Lambrichs après le refus de Gallimard, pendant que je soignais mes bananiers aux Antilles. Elle est à l'origine, en quelque sorte, de mon entrée aux Editions de Minuit et je lui en suis bien reconnaissant. D'ailleurs, cet escamotage d'une lettre jugée compromettante était en somme plutôt flatteur pour moi.

C'est cet été-là également que j'ai fait la connaissance de Bruce Morrissette. Universitaire américain spécialiste des faux Rimbaud, venu à Paris de Saint-Louis, Missouri, pour la sortie d'un gros volume d'érudition consacré à *La chasse spirituelle* (astucieuse analyse qui réussissait à le brouiller tout autant avec André Breton qu'avec Maurice Nadeau et tous ceux dont le nom s'était imprudemment mêlé à cette réjouissante affaire), Morrissette, m'ayant par hasard entendu parler de mon livre dans une émission radiophonique, a cherché à me rencontrer. Nous avons sympathisé aussitôt. Intelligent, très cultivé, passionné par toutes les formes de modernisme (c'est lui, je crois, qui le premier m'a entretenu de Robert Rauschenberg, surtout remarqué à ses débuts pour avoir, en guise de geste pictural, effacé avec une gomme un très beau dessin au crayon de son aîné De Kooning), il montrait en outre une forme d'humour plutôt rare chez les professeurs de belles-lettres, due au sentiment que les œuvres d'art sont faites pour jouer, qu'elles constituent ainsi le « dimanche de la vie » annoncé par Hegel.

A deux ou trois années de là, Morrissette, de nouveau en France, m'a demandé s'il pouvait être reçu à Brest, dans cette demeure maternelle de Kerangoff dont je lui avais parlé. Toute la famille l'y a, selon l'habitude, accueilli à bras ouverts, ma mère offrant toujours l'hospitalité aux lointains parents comme aux étrangers de passage, avec une libéralité à l'ancienne mode que malheureusement je n'ai pas hérité d'elle. Je me suis donc, pour ma part, évertué à promener mon ami américain, afin de lui faire connaître ce que je croyais motiver sa visite : les falaises, les dunes, les landes et les plages de sable entre les rochers qui avaient marqué mon enfance bretonne et dont l'image transposée constituait le décor du *Voyeur*. Mais, sauf pour les monuments mégalithiques rencontrés en route, il ne paraissait guère s'intéresser aux paysages du Léon.

A la maison, en revanche, il faisait volontiers la conversation avec maman, sur n'importe quel sujet. Je pensais que c'était là une simple manifestation de politesse. Au bout de quelques jours, il m'a communiqué sa décision de partir, m'assurant que son séjour était pour lui très positif : il avait vu ce qu'il cherchait. J'ai demandé de quoi il pouvait bien s'agir. Bruce Morrissette m'a répondu très simplement : avant de se consacrer tout à fait à mon œuvre, il voulait être sûr que j'étais un authentique grand écrivain ; or les génies ont eu nécessairement une mère exceptionnelle ; il savait à présent que la mienne l'était ! J'ajoute qu'il pouvait y avoir quelque hardiesse à parier de façon si précoce sur un travail de romancier encore à l'état naissant, car c'est seulement au cours des années 60 — et en partie sans doute grâce à lui — que je suis devenu un sujet vedette pour les universités d'outre-Atlantique.

Notre sainte mère — comme nous l'appelions souvent — était-elle véritablement « exceptionnelle » ? Bien sûr, chez nous, cela faisait partie du credo familial. Mais nous avions tendance à nous estimer tous exceptionnels réciproquement. Qui d'ailleurs ne l'est pas, sitôt qu'on le regarde d'un peu près ? C'est de la vive conscience d'une telle spécificité que provient l'esprit de clan. Cependant, il faut reconnaître que maman produisait en général, sur ceux qui l'approchaient, une impression très forte. La fille de cette dame Olgiatti dont j'ai déjà parlé à propos de notre éducation, qui l'appelait marraine sans raison puisqu'elle n'avait reçu ni le baptême ni le prénom d'Yvonne, lui répétait avec admiration : « Tu étonnes les gens ! » L'apostrophe, avec son excessive accentuation d'origine appuyant la syllabe centrale, était demeurée dans le folkore.

Celui-ci, très riche, comprenait à son sujet toutes sortes d'histoires extraites de la vie quotidiennne, mais progressivement déformées par la légende au point d'en devenir méconnaissables. Ainsi maman, disait-on, s'obstinait depuis bien avant la guerre de 14 à modifier, pour la rendre plus agréable, l'arrière-boutique de la modeste épicerie que sa mère tenait en gérance dans les premières années du siècle, ou tout à la fin du siècle dernier, rue de la Porte à Recouvrance, pendant que grand-père Canu était en campagne. L'épicerie n'existait plus depuis longtemps, ni la maison qui l'abritait, détruite par les bombes en 45, ni même l'ancienne rue de la Porte, disparue quand les bulldozers avaient aplani et rectifié au cordeau le malheureux Brest, après la seconde guerre mondiale. Mais notre mère mythologique n'avait pas pour si peu renoncé à résoudre certains délicats problèmes de cloisons et de couloirs mal placés.

Il y avait aussi le célèbre « coup de l'autobus ». Dans un encombrement de voitures au voisinage du *Printemps,* maman nous aurait poussés ma sœur et moi sous un autobus de la ligne CC-28, juste au moment où celui-ci démarrait. Devant le recul effrayé de ses enfants, elle se serait moqué d'un si vulgaire instinct de conservation, affirmant très haut que de toute façon « il vaut mieux mourir jeune ». Une autre fois, dans l'unique chambre d'une auberge sans confort des monts d'Arrée, que nous occupions tous les quatre lors d'une de nos randonnées pédestres à travers la Bretagne intérieure (*ar coat* en breton), j'ai été pris de violents troubles digestifs au milieu de la nuit. Notre mère frémissante, estimant que son mari réveillé par elle en sursaut met trop de temps pour allumer une chandelle, aurait bondi vers lui en brandissant un grand couteau dont elle voulait le frapper! Cet épisode était connu sous l'appellation de référence « le couteau de Brasparts » (immortalisant ainsi le nom de la localité) et papa le racontait sans rire à qui voulait l'entendre, avec de tragiques accents raciniens, sa femme devenant pour cette occasion « la sanglante Athalie ».

La chronique comportait aussi des récits moins extravagants, plus vraisemblables sinon véridiques, concernant en particulier l'incroyable faculté qu'avait maman d'oublier le temps, c'est-à-dire de le perdre (mais sans doute suis-je mal placé pour lui en adresser le reproche), ce qui la faisait arriver n'importe où avec n'importe quel retard, et servir des repas sans rien perdre de sa sérénité quand tout le monde était couché à la maison, ou les invités partis le ventre vide à cause du dernier métro. Grand-mère lui disait : « Ma pauvre petite, un fil pourri t'entraîne ! » Et je puis en tous cas garantir l'authenticité du phénomène rituel dit de « la soupe au cresson », qui se reproduisait de façon périodique.

Maman, déjà fort tard dans la soirée, entreprenait de nettoyer pour le dîner la botte de cresson rapportée par son mari en revenant du travail. Elle s'apercevait bientôt que les tiges serrées par plusieurs tours de ficelle ou de raphia recélaient entre elles une multitude d'insectes aquatiques, mollusques, vers ou crustacés d'eau douce, tels que nèpes, notonectes, girins, sangsues naines, limnées ou planorbes. Il y avait surtout des gammares, sortes de minuscules crevettes amphipodes que nous nommions à tort daphnies et qui bénéficiaient d'une particulière affection à cause de leur nage saccadée.

Maman se mettait aussitôt à recueillir une à une toutes ces bêtes encore vivantes pour les placer dans un bocal, avec quelques branches de cresson harmonieusement disposées afin de constituer un petit aquarium, que je contemplerais ensuite pendant des heures avec émerveillement. Papa avait bu depuis longtemps son café au lait en mangeant du pain et du saucisson à l'ail ; il allait dormir, avec un air abattu fortement appuyé (« Comédien ! » lui disait ma mère), en prononçant du ton accablé d'un sage habitué à parler dans le désert cette sentence dont j'ignore l'origine : « Et demain, tout sera mort chez Picard ! » Les enfants, en effet, qui traînaient tout autant de leur côté pour terminer leurs devoirs, composition française ou version latine, ne mangeraient pas leur soupe avant une ou deux heures du matin et ne se réveilleraient pas sans mal pour aller en classe. Maman, elle, passerait le reste de la nuit à lire les journaux.

Le respect quasi maniaque de la vie animale sous toutes ses formes était certainement un des traits dominants de son caractère, et les anecdotes abondaient sur ce thème. Il y avait l'histoire des tanches, rapportées vivantes par papa pour un déjeuner de fête, mises aussitôt dans un seau d'eau claire et nourries pendant plusieurs mois, jusqu'aux grandes vacances où il a fallu, la veille du départ, aller les libérer dans la pièce d'eau du parc Montsouris, en se cachant des gardiens qui auraient cru que nous étions au contraire en train de les pêcher. Les gentils poissons étaient si habitués à leur récipient de métal doré que maman, qui ne voulait à aucun prix leur faire violence en vidant d'autorité celui-ci, avait eu toutes les peines du monde à les persuader de sortir tout seuls du seau largement immergé.

J'ai déjà évoqué la fameuse corneille qui, tombée d'on ne sait quel nid parisien, avait été élevée en liberté dans le petit appartement dont elle avait largement détruit le papier peint en arrachant toutes les parties mal collées, jusqu'à ce qu'on l'emmène à Kerangoff où elle vivra de nombreuses années, mi-sauvage mi-domestique. A Paris encore, maman avait longuement nourri un jeune martinet exsangue, affaibli par d'affreux parasites accrochés sous ses plumes, avec du sérum de cheval en ampoules pour convalescents. L'oiseau, une fois guéri, était souvent revenu nous rendre visite, par la fenêtre du « bureau » que nous maintenions exprès pour lui grande ouverte. Sur l'étroit balcon de celle-ci, des caisses contenaient nos deux jardins en miniature — l'un dit « saharien », l'autre dit « du Jura » — dont l'entretien prenait un temps considérable : maintien du profil accidenté, replantations, taille des végétaux trop exubérants, ratissage des chemins sableux, etc. Dans le lac d'un décimètre carré, il y avait bien entendu la faune du cresson, ainsi que des tritons nains. Leurs mœurs alimentaires, leurs accouplements et leurs mues nous occupaient des après-midi entiers.

Mais une chauve-souris malade, hélas, avait fini par mourir après des semaines de soins. C'était un tout petit vespertilion dont le cadavre pesait moins de trois grammes. Trop faible pour hiverner, souffrant d'avitaminose, il vivait sous le chemisier de maman (dans ce qu'elle appelait sa falle), directement au contact de la chair chaude, au grand effroi des visiteurs non prévenus qui

pensaient être eux-mêmes victimes d'une crise d'hallucinations lorsqu'ils apercevaient à table, dans l'entrebâillement du col blanc à large revers de cette hôtesse
impassible dont ils buvaient le thé avec bienséance, la
bête qui sortait soudain de son refuge pour ramper
maladroitement sur la gorge et le cou, en déployant ses
immenses ailes de soie noire.

C'est un autre souvenir à figure de mauvais rêve,
beaucoup plus personnel, beaucoup plus ancien, qui
surgit maintenant des ténèbres. Je suis tout petit, tout
ému, tout seul, un peu perdu dans de vastes couloirs
vides aux plafonds très hauts. Franchissant enfin l'imposante porte vitrée du bâtiment qui abrite les salles de
classe, j'affronte le grand air ensoleillé du dehors dans la
cour de récréation déserte, plantée de marronniers (encore eux) dont les gros troncs verticaux et rugueux
alignent en quinconce leurs colonnes noirâtres. Cela doit
se passer vers la fin de ma première année à l'école
communale de la rue Boulard, où je suis choyé par un
gentil instituteur souriant au nom limpide, Monsieur
Clair. J'ai encore mes longs cheveux bouclés et mon air
de fille. Pris de quelque besoin urgent, j'ai dû demander
à sortir. Le printemps est déjà fort avancé, car les
marronniers ont leur feuillage neuf entièrement déve-
loppé, bien vert et très dense.

Juste à la limite entre le soleil et l'ombre nette du
premier arbre, sur le gravier, il y a un jeune moineau
tombé qui ne réussit ni à voler ni à se tenir sur ses pattes.
Je retiens mon souffle en descendant, comme à demi
paralysé, les trois marches biaises qui raccordent le seuil

au plan à peine incliné de la cour. L'oiseau est probablement blessé, sans quoi il ne se traînerait pas en rond sur lui-même de cette manière. Ma mère l'aurait aussitôt ramassé, inspecté, soigné, aurait désinfecté ses plaies, aurait mis une attelle au membre rompu... Moi, loin d'elle, je ne sais pas quoi faire pour cette fragile boule de plumes qui se débat en piaillant sans bruit.

Pris d'une impulsion soudaine, afin d'abréger ses souffrances, je pose mon pied dessus et j'appuie. Ça n'est pas un vulgaire escargot. C'est beaucoup plus ferme et résistant. Et aussi, j'ai peur de lui faire mal en écrasant cette chose qui vit toujours. Je finis, pris de panique, par y mettre toutes mes forces d'enfant. Ça gicle mollement sous ma chaussure. J'ai l'impression de commettre un assassinat crapuleux. Je constate bientôt avec terreur qu'il y a du sang sur ma semelle, où colle même un peu de duvet gris, que je n'arrive pas à faire disparaître en raclant mes pieds contre le sol sableux, tandis que je m'enfuis les jambes molles et le cœur battant à se rompre jusqu'aux cabinets alignés au fond de la cour, dont les demi-portes ne constitueront qu'un abri précaire contre l'horreur qui me submerge.

Je ne pourrai plus penser à autre chose ce jour-là — comme si mon soulier n'en finissait pas de broyer le corps du petit oiseau — jusqu'à la sortie des classes où je me précipiterai vers maman venue me chercher à la porte de l'école, pour lui raconter en pleurant mon crime incompréhensible. Le mois dernier, près de l'embarcadère de la pièce d'eau inférieure, au Mesnil, j'ai volontairement foulé sous ma botte un bébé ragondin (on devrait dire plus exactement, je crois, rat musqué ou ondatra). Ces gros rongeurs aquatiques et terricoles pullulent en Normandie depuis la guerre, des élevages ayant été libérés dans la nature par les combats, prétend-on, et Catherine se fait du souci quand ils prolifèrent au sein des berges, dont ils minent les profondeurs au point d'en ruiner la résistance et d'abattre les arbres entre les racines desquels ils ont établi leurs logements aux multiples galeries. J'ai retrouvé alors, inchangée, l'impression affreuse de jadis et j'ai pensé que le pauvre moineau écrasé devait être un vrai souvenir et non pas, comme souvent, une histoire que mes parents m'auraient racontée ensuite.

C'est notre mère, bien entendu, qui nous a appris à lire et à écrire, et à compter, et à parler correctement. Les petites classes ont donc été faciles pour nous. D'ailleurs, bien que de tempérament rêveur et contemplatif, ce qui est une forme de paresse, j'ai toujours aimé apprendre. Cela fait partie, sans aucun doute, d'un vaste désir de posséder le monde (*avoir* pour *être*), au même titre que les collections de timbres, plantes ou objets divers, la manie de ranger tout en bon ordre, l'impossibilité de jeter quoi que ce soit, l'habitude de prendre des diapositives par centaines (classées ensuite dans des boîtes pour projection) à chaque nouveau pays parcouru, ou bien de retenir par cœur la plus grande quantité possible des poésies ou pages en prose que j'aime. C'est là une illusion fréquente : l'instinct d'amasser (du savoir comme n'importe quoi d'autre) fait partie de la volonté de puissance, ce qui revient à dire de simple survie. Plus tard seulement, beaucoup plus tard, on s'aperçoit que les choses acquises se situent du côté de la mort.

Mais la valeur absolue de la connaissance pure, dans tous les domaines, constituait en outre une des pièces marquantes de l'idéologie héréditaire familiale, depuis les grands-pères instituteurs ou douaniers, que la génération soit de droite ou de gauche. Grand-mère Canu tenait une épicerie (qui ne lui appartenait pas) dans un quartier pauvre, mais elle avait son brevet.

Aujourd'hui encore, je n'ai rien perdu moi-même de cet appétit à m'instruire, surtout si cela représente un effort pour l'intelligence ou pour la mémoire. Et l'un des charmes dont se pare à mes yeux la vie de professeur d'université, que je mène de temps à autre en Amérique (à New York ou sur les campus perdus des immenses Etats aux noms légendaires), c'est que j'y redeviens aussitôt étudiant. Elèves studieux (les miens sont en général « gradués »), discussions théoriques avec les autres enseignants, sérénité des lieux, douillette atmosphère de ghetto culturel, d'exterritorialité (hors nation, hors temps), tout m'y pousse à nouveau vers la disponibilité avide, ambitieuse et gratuite de l'adolescence, où l'on a encore devant soi toute une vie d'apprentissage. Je découvre, je complète, je relis avec application, en prenant des notes, je vais chercher à la bibliothèque l'un ou l'autre de ces gros ouvrages fondamentaux dont j'ai toujours, faute de temps ou de courage, remis à plus tard l'assimilation intégrale.

J'essaie aussi de redonner à ceux de mes étudiants qui en manquent la foi dans la culture, je réhabilite la jouissance intellectuelle, la primauté de l'esprit et même, pourquoi pas, l'orgueil élitiste. Nous n'avions pas honte de dire autrefois, dans notre foyer si modeste : *odi profanum vulgus et arceo*. Et je condamne avec passion les soirées veules devant « la télé », comme la consommation moutonnière du dernier best-seller tricoté à la machine ainsi que du navet coûteux, lancé avec la grosse cavalerie des mass-media par l'industrie cinématographique californienne, où le moindre gag pèse une tonne, sans parler de ce qu'y deviennent les disciplines dont la lourdeur naturelle est déjà redoutable, comme la psychanalyse, la morale boy-scout et le réalisme social.

Mais, là-bas également, je dois malgré tout prendre des précautions. Si je dis sans ambiguïté ni détour que la plupart des films d'Hitchcock ou de Minelli sont seulement des produits standard (plus ou moins) bien ficelés, on ne me laissera le choix qu'entre mon goût connu de la provocation et ma rancœur devant leur succès mondial, à la fois journalistique et populaire.

J'étais donc un élève doué, aimant l'étude, mais — tare héréditaire ou maladie contagieuse attrapée dès le berceau — je me trouvais aussi perpétuellement en retard dans mon travail (cela n'a guère cessé depuis), si bien que la mauvaise conscience a toujours été mon lot quotidien. A quatre heures et demie du matin, le bruit du laitier qui déchargeait ses lourds bidons de métal et entassait ensuite les bidons vides, dans un mélodieux vacarme de carillon fêlé, sur la grosse voiture à claire-voie tirée par deux percherons, arrêtée devant la crèmerie d'en face, nous trouvait bien souvent, ma sœur et moi, peinant encore sous la lampe de part et d'autre du bureau double, le signal du lait représentant malgré tout une borne fatidique à ne pas dépasser, même si la composition française ou le thème grec n'étaient pas finis.

Devoirs non remis au maître en temps voulu, leçons apprises au dernier moment (sur le chemin du lycée) ou bien abandonnées à la grâce de Dieu (effleurer du doigt le tronc des arbres d'un bout à l'autre du boulevard, sans mettre le pied sur leur grille en fonte ajourée, avait une forte valeur immunisante contre l'interrogation, alors qu'un seul arbre suffisait — mais de préférence à écorce lisse — si l'on prononçait en le touchant à pleine main une prière magique, dont je me sers encore de temps à autre pour apaiser des craintes en tous genres), cahiers de cours mis au net de façon impeccable mais qui n'étaient jamais à jour, et dont le décalage avec le calendrier réel augmentait peu à peu durant l'année scolaire, etc., tout cela faisait que les résultats n'entraînaient pas toujours la louange professorale.

Quand ils devenaient franchement médiocres, mon père parlait aussitôt de nous mettre en apprentissage, puisque nous n'étions pas faits pour ces études secondaires inutilement coûteuses. Maman plaidait notre cause et le persuadait de nous laisser notre chance une année de plus. En fin de compte, nous avons pu tous les deux terminer correctement la filière considérée comme la plus prestigieuse à l'époque — latin, grec, mathématiques — avec même une sortie assez belle en fin de parcours.

Boursier de l'Etat après un concours réputé difficile, j'étais entré comme demi-pensionnaire au lycée Buffon, par une scène restée mémorable. J'avais comme d'habitude les cheveux trop longs. L'ayant au dernier moment rappelé à ma mère vaguement affolée par l'heure, car elle doit m'accompagner jusqu'au bureau directorial pour ma présentation officielle, je m'entends répondre que ça ne se verra pas puisque je mettrai mon chapeau (une sorte de melon en feutre soyeux qui accentue encore mes joues rondes et mon air mignon). Bon, je me le tiens pour dit. Nous sommes donc cérémonieusement assis, elle et moi, face au proviseur rubicond et chauve qui me fixe de ses petits yeux porcins depuis notre entrée dans la pièce, tandis que maman cherche à faire oublier son arrivée tardive au rendez-vous et s'évertue à vanter les mérites de sa progéniture.

« Voilà en tout cas un petit garçon qui doit être bien fier de son couvre-chef, et c'est sans doute pour cela qu'il le garde ainsi vissé sur sa tête », finit par prononcer, derrière son auguste bureau, le gros homme à la peau luisante et rose, qui a mis tout ce temps pour fignoler sa fine référence (j'imagine) à l'arrivée en classe de Charles Bovary. Ma mère, scandalisée par mon manque d'éducation, qu'elle découvre à cet instant, arrache de mon crâne l'objet du délit, libérant d'un seul coup la masse des cheveux bouclés qu'on avait dissimulés dessous avec tant de soin... Nous avons ensuite discuté pendant plusieurs années pour savoir si elle m'avait, oui ou non, dit de garder mon chapeau sur la tête chez le proviseur.

Vient alors — peut-être l'année suivante — une histoire beaucoup plus trouble, où ce même personnage joue un rôle équivoque, tandis qu'un surveillant général de haute taille à la forte barbe carrée, très noire, tient celui du sado-pédophile méthodique, administrant des coups de règle plus ou moins secs sur nos mollets nus (au cours de séances privées qui se déroulaient dans son antre et qu'il nommait « bastonnade numéro un, deux, trois », suivant le degré du châtiment), après une ténébreuse affaire de cartables substitués pendant les heures de gymnastique. Cette punition répétée pour une faute imaginaire, dont on ne m'a même pas expliqué la nature exacte et qui semble relever du pur cauchemar (sexuel?), m'a tracassé pendant des mois par son caractère absurde : absence totale de certitudes précises, de plausibilité, de chronologie causale, d'organisation logique des prédicats, en un mot de « réalisme ». C'est à nouveau ma mère, cette fois-là, émue par les marques rouges derrière mes jambes, qui s'est rendue auprès des autorités administratives pour tenter d'éclaircir le mystère, dont tout le déroulement est demeuré — pour moi du moins — parfaitement opaque.

C'est mon père en revanche qui a pris ma défense beaucoup plus tard, en classe de seconde, lorsque j'ai été chassé du demi-pensionnat pour avoir « répondu merde à un répétiteur ». En fait, je n'avais pas répondu du tout, mais seulement murmuré pour moi-même un peu trop fort « Merde alors, on ne peut plus travailler ici! », le surveillant hargneux venant de m'interdire d'aller jusqu'à mon casier personnel, au fond de la classe, où je voulais prendre un dictionnaire latin. Papa, retrouvant son humeur anarcho-libertaire, avait bondi chez le proviseur médusé pour lui déclarer tout net qu'il pensait avoir mis son fils au lycée, non chez les jésuites ou dans un pensionnat pour enfants de Marie.

Ainsi, j'ai poursuivi mes études comme externe libre, ce qui veut dire sans les répétiteurs ni la cantine; mais il y avait alors un peu plus d'argent à la maison et Lina, la rude Suissesse, m'y préparait des repas infiniment supérieurs à ceux du réfectoire. Papa continuait, chaque matin, à nous conduire en classe, nos « bahuts » respectifs se trouvant peu éloignés l'un de l'autre, lui marchant à grands pas, ses deux enfants trottant à ses côtés, par l'avenue du Maine, le boulevard de Vaugirard et le boulevard Pasteur. Du haut de celui-ci on apercevait soudain, se découpant sur le ciel par-dessus la masse des arbres, les toits à tourelles de la partie centrale des bâtiments scolaires, dont les pentes d'ardoises brillaient au soleil matinal, compliquées commes celles d'un château Renaissance, ce qui nous avait fait baptiser mon lycée *Schloss-Buffon* en hommage à Chamisso de Boncour, dont nous déclamions en allemand, tout en descendant le trottoir central du boulevard, l'émouvant poème à la patrie perdue.

Tout cela c'est du réel, c'est-à-dire du fragmentaire, du fuyant, de l'inutile, si accidentel même et si particulier que tout événement y apparaît à chaque instant comme gratuit, et toute existence en fin de compte comme privée de la moindre signification unificatrice. L'avènement du roman moderne est précisément lié à cette découverte : le réel est discontinu, formé d'éléments juxtaposés sans raison dont chacun est unique, d'autant plus difficiles à saisir qu'ils surgissent de façon sans cesse imprévue, hors de propos, aléatoire.

Les essayistes anglo-saxons font remonter la naissance du genre romanesque au début du dix-huitième siècle, pas avant, quand Defoë, puis Richardson et Fielding décident que la réalité existe ici et maintenant, non pas ailleurs dans quelque arrière-monde « meilleur » et intemporel, caractérisé, lui, par sa forte cohérence. Désormais le monde réel ne sera plus rapporté à l'idée abstraite (et parfaite) des choses, dont le quotidien jusque-là n'était au mieux qu'un pâle reflet, mais il se situera dans les choses elles-mêmes, ici-bas, telles que chacun les voit, les entend, les touche, les ressent selon son expérience vécue.

Le réel par conséquent, qui résidait auparavant de façon exclusive dans le général et l'universel (les fameux « universaux » des scolastiques), se montre tout à coup si singulier qu'il devient impossible — sinon au prix de graves déformations réductrices — de le faire entrer dans les catégories du sens. Ce qui s'appellera désormais *novel*, pour bien caractériser la nouveauté du genre, s'attachera donc exclusivement aux détails concrets (ce qui ne veut pas dire objectifs), parcellaires, relatés avec une minutieuse simplicité, même si cela doit nuire (et il s'avère vite que cela nuit, de toute évidence) à la constitution d'une image d'ensemble, ou de quelque autre totalité que ce soit.

Ainsi la cohérence du monde commence-t-elle à s'effriter. Pourtant la compétence du narrateur semble, elle, demeurée d'abord intacte ; on pourrait presque dire qu'elle s'accroît, puisqu'il n'y a plus d'autre monde à décrire que celui-là même qu'il connaît. On est descendu sur terre, mais c'est plus que jamais une sorte d'homme-dieu qui parle. Simplement il s'attache davantage à présent aux petites choses immédiates qu'aux grands concepts médiatisés.

Il faudra attendre Laurence Sterne et Diderot pour que la parole narratrice revendique à la fois son entière liberté de création et sa large incompétence, affirmant avec un sourire complice à chaque détour du récit : ce que tout cela signifie, personne n'en sait rien, pas plus moi que vous, et d'abord qu'est-ce que ça peut vous faire puisque, de toute façon, je puis inventer n'importe quoi ? On se rappelle l'étonnant début de *Jacques le fataliste*, qui fait tant penser à celui de *L'innommable*, écrit par Samuel Beckett près de deux siècles plus tard.

Mais, succédant à cette exaltante période pré-révolutionnaire, où la notion de vérité (divine aussi bien qu'humaine) est allègrement mise en doute, voici qu'après le chaos des révolutions sanglantes, des régicides et des guerres censément libératrices, l'inévitable reflux se produit : c'est la bourgeoisie — monarchiste et catholique — qui à la fin du compte prend le pouvoir en France. Et les nouvelles valeurs qu'elle vénère exigent tout au contraire la fermeté absolue du sens, la plénitude sans faille de la réalité, les assurances chronologiques et causales, la non-contradiction sans le plus petit écart possible. Les errances de Jacques sont bien loin, avec leur espace qui se déboîtait sans crier gare, leurs paradoxales aventures à tiroirs et leur temps qui bifurquait on revenait en arrière avec désinvolture, bien plus loin certes qu'elles ne le sont de nous-mêmes aujourd'hui. Avec Balzac, la cohérence du monde et la compétence du narrateur se voient conjointement portées à leur point extrême, encore jamais atteint.

L'idéologie « réaliste » est née, où le monde, clos et achevé dans une fermeté définitive, pesante, univoque, est entièrement perméable au sens, où les éléments romanesques sont classés et hiérarchisés, où l'intrigue — linéaire — se développe selon les lois rassurantes du rationalisme, où les caractères deviennent des types : le vieillard-avarice, le jeune homme-ambition, la mère-dévouement, etc. L'universel revient au galop.

Et même quand Balzac dénonce la naissante fragmentation du travail humain, et à sa suite celle de la société entière comme de toute conscience individuelle (ce qui le fera considérer par le marxiste Lukàcs comme un écrivain révolutionnaire en lutte contre l'industrialisation capitaliste et l'aliénation qu'elle produit), il le fait au sein d'un texte où tout, au contraire, conforte la bourgeoisie triomphante : la continuité innocente et sereine de la narration démentant pour le lecteur toute crainte d'une fêlure grave (structurelle) dans le système. L'exercice tranquille du pouvoir et la mainmise d'une classe sur le monde sont justes, nécessaires, puisque le grand romancier les pratique aussi, à l'abri des mêmes idéaux. Et, bien entendu, à la subjectivité avouée par l'encyclopédiste Diderot succède l'objectivité, ou plus exactement son masque.

Aussitôt, cependant, apparaît Flaubert. La première grande révolte prolétarienne, en 48, a marqué le tournant du siècle. Déjà la bonne conscience et les valeurs sûres commencent largement à pourrir. Le « nous » qui ouvre *Madame Bovary* comme il le referme (car les dernières phrases du livre, au présent de l'indicatif, précisent de la même façon la position du scripteur à l'intérieur même de l'univers qu'il décrit, et non plus dans quelque empyrée du savoir absolu), les objets improbables selon l'économie du sens, telle la monstrueuse casquette de Charles (ô mon joli chapeau melon !), les étranges trous dans le récit sur lesquels nous allons revenir, tout montre que le roman de nouveau se met en question. Et cette fois les choses vont aller vite.

Pourtant, il est impossible de considérer Balzac comme un bref intermède. S'il demeure un exemple privilégié, démonstratif (d'où l'importance historique qu'on doit accorder à cette œuvre monumentale, même quand par son poids elle nous tombe des mains), s'il est devenu un symbole de la parfaite aisance au sein de son système truqué, le « réalisme », il n'en reste pas moins que, depuis lors, ce système s'est contre vents et marées maintenu jusqu'à nos jours ; et c'est bel et bien ce courant-là de la littérature qui recueille toujours, à présent, la faveur du plus grand public comme de la critique traditionnelle.

En fait, depuis le milieu du dix-neuvième siècle, deux familles de romanciers vont se développer parallèlement. Ceux, d'une part, qui s'obstineront — puisque les valeurs bourgeoises sont toujours en place, à Rome comme à Moscou, même si personne n'y croit plus nulle part — à bâtir des récits codifiés une fois pour toutes selon l'idéologie réaliste sous-balzacienne, sans contradiction ni manque dans la trame signifiante. Et ceux, d'autre part, qui voudront explorer, chaque décennie plus avant, les oppositions insolubles, les éclatements, les apories diégétiques, les cassures, les vides, etc., car ils savent que le réel commence juste au moment où le sens vacille.

Ainsi je peux très bien, ému par la douce familiarité du monde, faire comme si tout y portait le visage de l'Homme et de la Raison (avec des majuscules). Et dans ce cas j'écrirai comme les Sagan, je filmerai comme les Truffaut. Pourquoi pas ? Ou alors, choqué tout au contraire par la stupéfiante étrangeté du monde, j'expérimenterai jusqu'à l'angoisse cette absence, du fond de laquelle moi-même je parle, et je reconnaîtrai bientôt que les seuls détails qui constituent la réalité de l'univers où je vis ne sont rien d'autre que des trous dans la continuité de ses significations admises, tous les autres détails étant par définition idéologiques. J'ai la faculté, enfin, de me déplacer sans repos entre ces deux pôles.

On a pu (j'oublie qui) dire de *Madame Bovary* qu'en totale rupture avec le demi-siècle qui précède, où tout repose sur le plein et le ferme, ce « nouveau roman » avant la lettre était « un carrefour de manques et de malentendus ». Et Flaubert lui-même écrit à propos d'Emma, après le fameux bal qui aurait dû pourtant la combler : « Son voyage à la Vaubyessard avait fait un trou dans sa vie, à la manière de ces grandes crevasses qu'un orage, en une seule nuit, creuse quelquefois dans les montagnes. » Ce thème du vide, de la faille, est d'autant plus remarquable à cet endroit qu'il va reparaître aussitôt à deux reprises, coup sur coup et dès la page suivante.

Emma rêve devant le porte-cigare du Vicomte, trouvé sur la route du retour. Elle imagine le souffle de la brodeuse qui passe à travers les mailles béantes du canevas tendu sur le métier, et les fils de soie colorés qui vont de trou en trou, entrelaçant leurs trajets brisés sans relâche pour former le dessin. N'est-ce pas là, précisément, la métaphore du travail d'un romancier moderne (Flaubert, c'est moi!) sur la trame trouée du réel, l'écriture comme ensuite la lecture allant de manque en manque pour constituer le récit?

Je l'affirme avec d'autant plus de conviction que, vingt lignes plus loin, Emma, qui vient d'acheter un plan de Paris pour faire sans quitter sa chambre de province des courses dans la capitale, trace du bout de son doigt sur le papier des cheminements multiples et complexes, s'arrêtant sur les lignes entrecroisées des rues « devant les carrés blancs qui figurent les maisons ». L'insistance mise par l'auteur à réitérer l'image d'un parcours imaginaire entre des « blancs », des lacunes, nous fait comprendre à quel point l'identification qu'il proclamait avec son héroïne représente en fait tout autre chose qu'une vague boutade sans conséquence.

Des trous se déplaçant dans sa texture, c'est grâce à cela que le texte vit, comme un territoire au jeu de go ne reste vivant que si l'on a pris soin d'y ménager au moins un espace libre, une case vacante, ce que les spécialistes appellent un œil ouvert, ou encore une liberté. Si au contraire tous les emplacements déterminés par les lignes entrecroisées sont garnis par des pions, le territoire est mort, l'ennemi pourra s'en emparer par une simple opération d'encerclement.

On retrouve ici une idée fondamentale d'Einstein, popularisée il y a quelques années par Karl Popper : le critère de scientificité pour juger une théorie, dans quelque domaine que ce soit, n'est pas qu'on puisse en vérifier l'exactitude à chaque nouvelle expérience qui la met en cause, mais, tout à l'opposé, que dans un cas au moins on puisse démontrer qu'elle est fausse. Ainsi le marxisme léniniste et la psychanalyse orthodoxe, dit Popper, sont considérés à tort comme des sciences par leurs fidèles, car ces disciplines ont *toujours* raison. Closes sur elles-mêmes, elles ne laissent aucun lieu inoccupé, aucune zone d'incertitude, aucun suspens du sens, aucune interrogation sans réponse. Tandis que la science est incompatible avec un tel esprit totalitaire : elle ne peut être que vivante, et pour cela il faut qu'elle soit trouée. Il en va de même pour la littérature qui m'intéresse.

Ainsi revient Nicolas Stavroguine, qui est le « centre vide » bougeant sans cesse à l'intérieur des *Possédés*. Il n'est pas un démon parmi les autres démons, il est le démon des démons : le démon qui manque, celui qui *fait défaut.* Presque toujours absent de la scène actuelle du récit, on ne connaît ses agissements (hors champ, à l'étranger) que par d'étroits lambeaux rapportés de seconde ou de troisième main par des messagers douteux, qui n'en dévoilent ni n'en comprennent jamais le sens. De temps à autre, tout à coup, il fait irruption au premier plan événementiel ; devant les témoins bouche bée, il accomplit alors un acte imprévu, bizarre, il prononce quelques paroles sans suite ni explication, demeurant aussi peu intelligible pour sa famille ou pour la police qu'aux yeux des conjurés dont il semble plus ou moins le chef. Chacun se dit qu'il doit y avoir une motivation profonde à son comportement, mais on interroge en vain pour la découvrir les énigmes successives multipliées comme à plaisir sur sa trace.

Tout à la fin du livre figure aujourd'hui le chapitre maudit que l'éditeur russe avait, à l'origine, supprimé par crainte de choquer les bonnes mœurs, et qu'on ne sait plus à quel endroit replacer puisque les chapitres restants ont été renumérotés de façon continue par l'auteur lui-même, qui a fait disparaître ainsi le signal du manque. Donc, dans toutes les éditions récentes, Stavroguine, qui est déjà mort au cours des pages qui précèdent, revient pour déposer sa confession devant l'évêque Tikhone. Il a même, pour plus de précision dans ses aveux, rédigé ceux-ci sur un cahier... dont il arrache deux feuillets au dernier moment, sous les yeux étonnés de l'évêque. Et le lecteur, comme Tikhone, ignorera toujours ce que contenaient ces feuillets-là, dont il devine néanmoins l'exorbitante importance.

Le narrateur, pour clore (si l'on peut dire !) le chapitre erratique ainsi mutilé, et donc à présent l'ensemble du volume, fait seulement ce commentaire : c'est dommage que Stavroguine ait enlevé les deux pages en question, car sans cela on aurait peut-être enfin compris le sens de sa conduite, apparemment incohérente, et de toute son existence ; d'un autre côté, comme il a toujours menti, du début de sa vie jusqu'à la fin, il a dû mentir aussi dans sa confession ; et il mentait également sans doute dans les pages qu'il en a ôtées.

Je n'avais pas lu *Les démons* à l'époque où j'écrivais *Le voyeur*. Tout se passe cependant comme si j'avais voulu reproduire le même creux interdit, la même cavité centrale, le même silence au cœur de mon propre roman, mais en me servant cette fois — ce qui n'est pas le cas chez Dostoïewsky — de ce vide comme générateur du texte entier. Je répète une fois de plus, à ce sujet, que la « page blanche » du *Voyeur* qui semble se trouver là (entre la première et la seconde partie du récit) comme signe matériel d'un manque, dans une insistance à mon avis grossière, n'est due en réalité qu'à de simples raisons typographiques : si la composition de la première partie avait comporté quelques lignes de plus, la page en question aurait été remplie — plus ou moins — comme les autres.

Nous n'allions pas souvent au cinéma, dans mon

enfance ; les rares films que j'ai vus alors m'ont donc d'autant plus frappé. L'un d'entre eux m'a même donné pendant tout le mois suivant, et plus tard de façon sporadique, de tels cauchemars nocturnes qu'il a fallu de nouveau recourir au sirop de bromure. C'était *L'homme invisible,* avec Franchot Tone, vers le milieu des années 30. Et je me souviens encore de quelques images où la présence en creux d'un fou assassin avait en effet de quoi plonger dans l'angoisse un petit garçon trop sensible, déjà, aux crimes commis par une sorte de vide dans la continuité du monde. Tel ce conducteur d'une automobile qui se croit seul sur une route déserte, ayant échappé enfin au volant de sa voiture à la mort qui le poursuit, et que le passager invisible caché derrière lui depuis son départ étrangle avec sa propre écharpe. A la fin, le criminel, cerné dans une baraque au milieu de la neige fraîche, tente de fuir : on voit seulement les empreintes de ses pas qui progressent avec lenteur ; les policiers dissimulés par les fourrés avoisinants tirent ; la forme d'un corps absent s'imprime dans la neige.

Corinthe, vers la fin de cette décennie, parlait souvent lui aussi de « disparaître », sans que l'on comprenne au juste s'il s'agissait de s'enfuir, physiquement, ou bien d'un vague anéantissement métaphysique, entrer par exemple en religion (chrétienne, bouddhiste, ou dieu sait quoi). Il n'était pas homme, du moins, à vouloir se suicider. « Je m'en vais, disait-il, je fous le camp... », et il ajoutait quelquefois : « ... par l'intérieur », ce qui constituait je crois une brève citation d'un livre lu dans son adolescence. Comme beaucoup d'intellectuels exaltés du moment, il était fortement impressionné par les cérémonies du culte national-socialiste, à Nuremberg. Il tenait des discours véhéments, déraisonnables, sur la mission du Reich allemand qui luttait contre la bête rouge annoncée par saint Jean dans l'*Apocalypse,* et il mélangeait en une sorte de délire les grands-messes hitlériennes avec une mise en scène de *Parsifal* qu'il avait vue à Bayreuth.

Un témoin digne de foi qui l'a rencontré à cette époque-là, en Bavière, le décrit comme une espèce de cadavre en sursis, un mort-vivant, un spectre. Exangue, décharné plus exactement, il est assis derrière son bureau surchargé de paperasses en désordre, qui doivent être les brouillons sans cesse remaniés de ce manuscrit aujourd'hui perdu (le plus coté des éditeurs parisiens y serait pour quelque chose) auquel il travaillait depuis fort longtemps. Une sorte de plaid lui enveloppe les épaules et remonte frileusement autour de son cou, bien qu'on soit en été ; de cette masse maigre émerge une figure tout en os, immobile, qui a l'air d'une momie fraîchement débarrassée de ses bandelettes, comme on voyait faire au début du film dont il vient d'être question ; ses yeux sont cernés, agrandis par la fièvre, son regard est fixe, ses lèvres minces remuent à peine quand il parle. Il fait penser au célèbre tableau impressionniste représentant Edouard Manneret à sa table de travail. Sans le moindre geste en dépit de la violence des mots, il tient à son visiteur, ce jour-là, des propos inspirés et déments sur la mer qui monte, les algues mouvantes, les trous entre les rochers où l'eau dangereuse tournoie, les petites lignes d'écume en surface...

Je vois aussi, en relisant mes notes, que son fils aurait été mon condisciple à l'Institut national agronomique. J'ignore à quelle période de mon travail j'ai pu écrire ces quelques phrases pressées, qui paraissent ne se rattacher à rien. Il y a si longtemps que la rédaction de ce document a été entreprise, concernant un sujet qui m'échappe de plus en plus, qu'il m'est souvent impossible d'identifier les innombrables références secrètes qui émaillent les segments anciens, écrits déjà depuis près de dix ans. Je ne me souviens de rien, en tout cas, se rapportant à cette prétendue présence d'un jeune Corinthe à mes côtés sur les bancs des amphithéâtres, face aux fresques bariolées d'Oudot et de Brianchon. Il faudrait vérifier la liste des élèves dans un annuaire de l'école.

Rien. Je ne retrouve rien. Je renoue inlassablement des fils interrompus sur une tapisserie qui en même temps se défait, si bien qu'on n'en voit plus guère le dessin. Bientôt, tout sera effacé. Quant au dessin, j'ai toujours su que « Le véritable écrivain n'a rien à dire ». C'est d'ailleurs par cette phrase que commençait mon tout premier article sur la littérature, publié dans *Critique* avant même la parution des *Gommes*. C'était au sujet du court roman d'un inconnu sur l'impuissante hantise de la page blanche ; l'auteur (son nom a disparu de ma mémoire), qui était alors le secrétaire personnel de Sartre, est devenu ensuite ce journaliste à *l'Express* dont j'ai cité ici l'intervention malhonnête à propos de mon accident d'avion. Mais l'incipit de ma notule sur son livre, jugé choquant par la rédaction de *Critique,* a été supprimé à la composition. Jean Piel a toujours prétendu que cette censure surprenante était due à Georges Bataille, ce qui m'étonne car celui-ci ne dirigeait la revue, dans ces années 50, que de très loin.

L'idée, d'ailleurs, appartient à Flaubert, une fois de plus. Et la coupure, ici encore, se produit à la mi-temps du siècle. Balzac est le dernier écrivain heureux, a-t-on dit, celui dont l'œuvre coïncide avec les valeurs de la société qui le nourrit, et cela parce qu'il est le dernier écrivain innocent : il a quelque chose à dire, lui, et il accumule dans la hâte des dizaines de romans, des milliers de pages, sans paraître se poser la moindre question quant au bien-fondé de cet exercice étrange et paradoxal : écrire le monde. Flaubert, en trois livres qui lui ont pris toute sa vie, découvre à la fois l'effrayante liberté de l'écrivain, la vanité de prétendre exprimer des idées inédites, l'impossibilité de l'écriture enfin, qui ne vient que du silence et qui va seulement vers son propre silence.

Ainsi le contenu de l'œuvre romanesque (dire quelque chose de neuf, pensait Balzac) ne peut en fait comporter que la banalité du toujours-déjà-dit : un enfilage de stéréotypes dont toute originalité se trouve par définition absente. Il n'y a de significations que fondées à l'avance, par le corps social. Mais ces « idées reçues » (que nous appelons à présent idéologie) vont constituer cependant le seul matériau possible pour élaborer l'œuvre d'art — roman, poème, essai —, architecture vide qui ne tient debout que par sa forme. La solidité du texte comme son originalité proviendront uniquement du travail dans l'organisation de ses éléments, qui n'ont aucun intérêt par eux-mêmes. La liberté de l'écrivain (c'est-à-dire celle de l'homme) ne réside que dans l'infinie complexité des combinaisons possibles. La nature n'a-t-elle pas construit tous les systèmes vivants, depuis l'amibe jusqu'au cerveau humain, avec seulement huit acides aminés et quatre nucléotides, toujours les mêmes?

J'ai déjà raconté — dans *Obliques* ou ailleurs — la génèse du film *L'Eden et après,* engendré à partir de douze thèmes appartenant à la panoplie contemporaine plusieurs fois centenaire (le labyrinthe, la danse, le double, l'eau, la porte, etc.) qui se répètent chacun dix fois, mais dans un ordre différent, pour former dix séries successives, donc un peu comparables aux séries schön-bergiennes. Le travail matériel (joint à l'invention qu'il déclanche par son euphorie communicative), pendant le tournage et ensuite lors du montage, a constamment nourri — et perturbé — ce schéma générateur dont la rigidité n'est certainement plus repérable au sein du résultat final, même par moi. Au départ, il n'y avait pas de scénario, mais seulement l'anecdote dialoguée d'une première série, soit douze cases; les cent huit cases restantes ont été produites en collaboration avec l'équipe, en particulier grâce à l'apport enthousiaste du chef opérateur Igor Luther et de l'actrice Catherine Jourdan, qui est devenue bientôt, sur sa propre initiative, la vedette du film.

Le hasard objectif s'en est évidemment tout de suite mêlé, créant par exemple, à la suite d'un faisceau de circonstances fortuites, l'apparition improbable et mer-veilleuse d'un « double » de l'héroïne, lui ressemblant comme une sœur et vêtue de la même façon. Quant au thème « sang », qui venait de jouer un rôle considérable pendant les trois premières semaines du tournage, dans les studios d'Etat slovaques, il a pris soudain, au cœur même de la réalité, un développement inattendu.

Cela se passe donc à Bratislava, à la fin du mois d'août 1969. Nous venons de travailler durement pendant six jours, pour en finir avec le décor du café Eden : un système labyrinthique de panneaux inspirés par Mondrian qui glissent sur des rails parallèles entrecroisés, quadrillant tout le plateau, dont on modifie la disposition entre chaque plan et parfois même au cours des prises, de manière à rendre l'espace du jeu encore moins figé. Je profite de ce samedi soir pour aller boire une carafe de vin blanc, après le dîner, dans un cabaret de strip-tease (séquelle du printemps de Prague ainsi que le contrat dont je bénéficie) afin d'y choisir une figurante nue qui doit me servir le mardi suivant. Catherine et mon assistant tunisien, fatigués, me quittent bientôt. Je reste en compagnie de Catherine Jourdan (que j'appelle simplement Jourdan pour éviter les confusions), d'un jeune comédien français et du représentant de la co-production tunisienne.

Tandis que nous revenons à pied vers notre hôtel à travers la ville déserte, aux environs de minuit, gais et détendus, nous nous laissons aller à quelques plaisanteries — inutiles évidemment — à l'égard d'un petit avion soviétique qui se trouve exposé comme en guise de provocation au milieu de la promenade centrale, en face du Carlton. Parvenu devant la grande porte de ce bâtiment au luxe désuet (nous logeons nous-mêmes au Dévin, qui est plus moderne et situé trois cents mètres plus loin, sur le Danube), une patrouille de policiers nous interpelle ; peut-être ont-il aperçu nos gestes irrévérencieux, quoique fort anodins.

M'estimant responsable du petit groupe, j'entreprends avec bonne humeur de justifier notre promenade tardive.

Il n'y a d'ailleurs pas de couvre-feu. Le film que je tourne, de nationalité franco-tchécoslovaque, est pris en charge d'une façon parfaitement officielle par la cinématographie étatisée. J'ai même, quelques jours auparavant, reçu la décoration locale qui correspond là-bas aux Arts-et-Lettres. Mais, connaissant à peine quelques mots dans la langue du pays, je commets l'erreur de m'exprimer — tant bien que mal — en allemand, et sans doute nous prend-on alors pour des touristes autrichiens (Vienne est à quelques kilomètres, sur l'autre rive du fleuve) venus faire la fête à peu de frais grâce à leur monnaie forte, capitaliste et détestable. Ma chevelure, par surcroît, est une fois de plus trop longue pour appartenir à un bon communiste normalisé, et j'ai encore omis de me raser ce matin (je ne porte pas la barbe à cette époque, seulement une moustache, tout aussi occidentale).

Deux des policiers sont en uniforme, les trois autres en civil. Tous les cinq ont les cheveux coupés en brosse, la nuque rase, mais il sont très rouges, probablement ivres. Nous sommes juste le jour anniversaire de l'entrée en force des troupes du pacte de Varsovie, venues justement pour mettre fin au laisser-aller général, et les autorités craignent des manifestations commémoratives, en prévision de quoi elles ont — dit la rumeur — un peu dopé leurs troupes les plus sûres, dont certains éléments parmi les plus nerveux cherchent visiblement la bagarre. L'un des civils me demande mes papiers, je les lui tends.

Mais au même moment son voisin, dont les doigts sont garnis d'une sorte de coup-de-poing américain, sur la main droite, brandit vers moi de sa gauche une petite bombe à gaz, dont il m'envoie au visage quelques jets paralysants. Et aussitôt il se met à me frapper la mâchoire.

223

Complètement étourdi, je m'appuie en arrière contre le mur du Carlton, tandis que — m'a-t-on raconté ensuite — je dessine dans l'air de vagues moulinets très lents avec mes avant-bras, comme si je chassais des insectes dans un demi-sommeil, ne gênant en rien bien entendu les coups précis qui continuent à s'abattre sur ma figure. Mes deux compagnons masculins assistent au massacre sans broncher, tenus en respect par les militaires. Et c'est Jourdan qui s'interpose : elle place son tendre visage devant le mien, comme un rempart, en fixant d'un air crâne mon agresseur. L'homme hésite un instant à défigurer cette jolie fille. Son poing armé finit par retomber le long du corps.

On me rend ma carte d'identité, dans le silence, comme après un banal contrôle de routine. Et on nous laisse poursuivre tranquillement notre chemin. Tout s'est passé ainsi que dans un rêve, sans explication, sans cri, sans désordre ; j'ai presque envie de dire sans violence, tant le monde me paraît enveloppé d'ouate, y compris même l'armature en métal dont j'ai relativement peu senti les chocs répétés contre mes maxillaires, anesthésiés sans doute par le gaz. Mais, en pénétrant dans ma chambre, je comprends au regard de Catherine que les dégâts doivent être importants.

Je me contemple dans le miroir de la salle de bains : j'ai deux dents cassées à la mâchoire supérieure, sur le devant, du côté gauche, une autre qui branle, et de profondes déchirures dans les chairs au-dessous comme au-dessus de la bouche ; ma chemise blanche est aux trois quarts rouge depuis le col jusqu'à la taille (les plaies aux lèvres saignent beaucoup), rappelant de façon ironique par le dessin même des coulées sanglantes une scène cruelle tournée le matin au studio. Ayant recouvré mes esprits peu à peu, grâce aux serviettes imbibées d'eau fraîche, me revient alors en mémoire la forme du vaporisateur utilisé par le policier : il ressemblait curieusement à un petit objet (censé mettre les mauvais garçons en fuite) qui figure déjà dans les bobines de mon film. (Mais ce passage n'a été monté, en définitive, que dans la version anagrammatique destinée à la télévision, dont la structure est aléatoire au lieu d'être sérielle et qui s'intitule *N. a pris les dés.*)

Dès l'aurore, toute la production est en émoi. Je fais connaissance avec la médecine gratuite des pays dits du socialisme réel : un fonctionnaire du parti m'accompagne partout pour distribuer en douce des billets de cent couronnes aux infirmières qui m'accueillent et aux chirurgiens qui m'examinent ou me recousent. Et puis les autorités bientôt me rassurent : je ne dois pas m'inquiéter pour ce qui est un vulgaire malentendu, les vaillants gardiens de l'ordre n'ont simplement pas compris qui j'étais ! Cela me confirme dans mon impression première : selon l'habitude, cette histoire qui m'est arrivée ne me concernait pas vraiment...

Une image encore, qui doit dater des jours suivants : le dentiste penché sur moi — qui, dans une amère profession de foi anticommuniste, m'a d'ailleurs vivement conseillé de faire exécuter en France la prothèse nécessaire — me hurle au visage son diagnostic concernant l'incisive qui paraissait d'abord la moins atteinte, dont il malmène avec vigueur la racine : « Ah ! Ah ! Elle bouge, monsieur l'ingénieur ! Elle bouge ! » répéta-t-il en français avec des éclats de rire grimaçants.

Je me souviens de cette grande amie dont ma mère devait être amoureuse (ou bien l'inverse), qui était chirurgien-dentiste à Brest. Elle nous a toujours soignés, dans notre enfance, et son efficace douceur s'ajoutait au charme de l'appartement — pour nous très luxueux — où elle jouait *La cathédrale engloutie* sur un piano à queue en ébène. C'est elle qui m'a parlé de cette plaie bizarre qu'Henri de Corinthe portait au cou : deux petits trous rouges, espacés d'un centimètre environ, qu'elle avait surpris lors d'une opération à la gencive pour extraire une dent de sagesse.

Corinthe est mort en Finistère, peu de temps après. Mon père est allé à son enterrement, un enterrement civil, avec une fausse messe dite en plein air par un prêtre interdit, devant la porte fermée de l'église. Cela se passait dans un petit bourg de la côte ouest, quelque chose comme Porsmoguer-en-Plouarzel, où le comte Henri vivait solitaire au fond (il fallait descendre un escalier de pierre pour accéder aux chambres) d'une ancienne batterie datant de Vauban, encastrée dans la falaise, qu'il avait achetée aux Domaines et aménagée de façon très austère. Il était donc excommunié. Depuis quand ? Pour quelle faute ? Le maigre cortège s'est arrêté dans une sorte d'enclos paroissial, face au clocher silencieux. Il tombait depuis la veille une petite pluie fine et froide. C'était la fin de l'automne. Les hommes se sont mis à genoux, dans leurs costumes sombres, sur la terre détrempée. Lorsque mon père en a fait le récit, en rentrant aux Roches Noires, j'ai pensé que c'était là « le brouillard et l'humidité de la conscience humaniste ».

Il faisait déjà presque nuit. Nous venions de prendre le thé, qui donnait lieu chaque jour à une véritable cérémonie. Quand mon père s'est tu, grand-mère, qui avait plus de quatre-vingt-dix ans et oubliait tout au fur et à mesure, a demandé : « Alors, on ne prend pas le thé, aujourd'hui ? » Sa fille lui a répondu avec agacement : « Mais on vient juste de le prendre ! Il est fini, le thé ! » Après un instant de réflexion, grand-mère, de cet air hautain qui planait désormais sur sa tête perdue, a dit comme pour elle-même : « Imbécile, va ! Le thé, ça n'est jamais fini. »

TABLE DES MATIÈRES

231

CET OUVRAGE A ÉTÉ ACHEVÉ D'IMPRIMER
LE QUATORZE DÉCEMBRE MIL NEUF CENT QUATRE-VINGT-QUATRE
SUR LES PRESSES DE JUGAIN IMPRIMEUR S.A. A ALENÇON
ET INSCRIT DANS LES REGISTRES DE L'ÉDITEUR SOUS LE NUMÉRO 1964
DÉPÔT LÉGAL : DÉCEMBRE 1984